分離はやっぱり差別だよ。

人権としてのインクルーシブ教育

大谷恭子 著
柳原由以
黒岩海映 編

現代書館

分離はやっぱり差別だよ。＊目次

目次

編者はしがき　7

はじめに――障害児教育との出会い……14

一、国際社会の流れ……18

1．国際障害者年と世界行動計画　18
2．障害者の機会均等化に関する基準規則　23
3．サラマンカ宣言　26
4．障害者権利条約の採択へ――１９９０年代～　27
5．インクルーシブ教育を受ける権利が人権へ――２０１６年一般的意見４号　32

二、日本の障害児教育の流れ――専門家による振り分け……35

1．昭和54（１９７９）年義務化以前――学校教育法施行令22条の３の画一的適用　35
2．専門家の意見聴取のはじまり（昭和53年10月６日・文初特第３０９号）　36
3．専門家の意見聴取の義務化（学校教育法施行令18条の２）と保護者の意見表明の機会付与　37
4．内閣府・障害者制度改革推進会議における議論　39
5．「保護者の意見」と「専門家の意見」の位置づけの逆転　42

6．「専門家」が市（県）の職員と特別支援教育もしくは療育に係るものたちで構成されたことの問題点　45
7．まとめ　47
【コラム】就学支援委員会は判定指導委員会、そしてその内実は　名谷和子　48

三、制度改革の転換への提言　52
1．「共に学ぶ」教育を支えた反差別運動　52
2．運動の弱体化と人権救済機関の不存在　53
3．制度改革への提言――学籍を地域の学校に一元化すること　54
【コラム】保護者として、弁護士として、ブラウン判決に勇気づけられて　河邉優子　57

四、インクルーシブ教育における合理的配慮……61
1．合理的配慮とは　61
2．「支援」と「合理的配慮」の違い　62
3．合理的配慮の提供義務　64
4．本人・保護者の意向と合理的配慮に関する裁判例　65
5．就学先決定および合理的配慮の調整機関　71
6．合理的配慮の実践例　73

五、教育現場は変化したか――医療的ケア児の就学裁判について……86
1．就学手続きから提訴へ　86

2. 提訴から一審判決へ——裁判官の内心にある差別意識 89
3. 転校することで実現された地域の学校への就学 91

六、川崎裁判の違法性 …… 93
1. 原判決の致命的欠陥——原告らの権利内容を吟味せずに判断していること 94
2. 人権としてのインクルーシブ教育に反することについて 96
3. 本人・保護者の意向を無視したことについて 102
4. 合理的配慮について検討をしなかったことについて 106
5. まとめ 114
【コラム】川崎判決のその後 柳原由以 114

七、2022年総括所見の内容 …… 122
1. 人権モデルとは何か 123
2. 日本の障害児教育とパターナリズム 124
3. 地域で生を全うするということ 127
【コラム】出会った事件が弁護士を育てる……と 長谷川律子 129

八、私たちは何をするべきか …… 133
1. インクルーシブ教育が基本的人権であることを認めること 133
2. 制度改革を進めること 134
3. 人権救済機関の実現 135

4. 実践を広めること 136
5. 発達保障論と共生教育論を融和させること 136
九、特別支援学校（学級）が増え続ける現状を当面どう変えるか……138
十、障害者権利条約24条とは……140
【コラム】分ける教育が奨められないために 北村小夜 143
十一、スウェーデンのインクルーシブ教育視察……147
補論
Ⅰ、北欧から見るインクルーシブ教育……黒岩海映……163
Ⅱ、日本で育まれているインクルーシブ教育の今……柳原由以……200
巻末資料 214
編者あとがき 226

編者はしがき

奇跡の大阪シンポ

２０２４（令和６）年６月29日、大阪弁護士会で、インクルーシブ教育をテーマに、日本弁護士連合会主催のシンポジウムを行った。会場１９３名、オンライン２７０名の参加を得て、大盛況だった。

その基調講演を担ったのが大谷恭子先生だった。2月ごろこの基調講演が決まった時、大谷先生はすでに体調を崩していて、6月までに体調がどうなっているのか誰にもわからなかった。

それでも「人権としてのインクルーシブ教育」という講演タイトルが決まった時、大谷先生は「これ、いいよね」と満足そうだった。

大谷先生は、当日までに何かあったら誰かに代読してもらうため、また基調講演55分を内容豊かに使い切るために、あらかじめ読み上げ原稿を作っておいた。遅筆の先生にしては珍しく3月には書き上げていた。ただそれは、普通に読んだら2時間に及ぶだろうというボリュームだった。

闘病生活が始まって半年がたち、決して万全の体調ではなかったが、とにかく大阪に行って基調講演を全うすることに集中して体調管理をしてくれたのが奏功し、素晴らしい基調講演が実現した。

案の定、当日は時間が不足して、大谷先生としては、「言いたいことの半分も言えなかった……」と不全感を吐露していたが、とんでもない、聴いていた側からすると、パワフルで、まっすぐで、情熱に満ち、人間味あふれる大谷節に浸ることができ、喜びしかなかった。実際、大谷基調講演を聞くために、全国からファンが駆けつけていたが、みんな大満足して帰ったようだ。

それでも大谷先生が言いたかったことのすべてを、大阪シンポで語りつくせなかった部分も含めて世に伝えるために、この講演原稿をベースにした本を編集することとなった。それは大谷先生の願いでもあった。

金井康治《こうじ》君との出会いから始まる闘い

講演は、この本のとおり、金井康治君の自主登校事件との出会いから始まった。大谷先生としては、ここに5分という時間配分をしていたようだが、実際には10分を経過し、「あれえ？　5分のつもりが10分……」と悲鳴を上げながら話が進んだ。

それから、国際的流れ、日本の障害児教育の流れに話を進めながら、大谷先生が強調するのは、1979（昭和54）年の養護学校義務化の経緯である。「54義務化」の前年に、通達により、専門家の意見聴取と総合的判断が始まったことの重要性、そして2002年認定就学者制度や、発達障害者支援法制定を受けての2007年特別支援教育のスタートについても詳しく語った。そしていよいよ障害者権利条約ができ、批准へ向けた制度改革の議論に話が及ぶが、そこでは原則統合や学籍一元化[*1]など大谷先生が長年実現を目指してきた制度改革には及ばない、中途半端な改革に終わった経緯を、悔しそうに語るのだった。文科省は、専門委員会が決めたことがそのまま結論になるのではなく、本人・保護者の意向を「最大限尊重する」という過程を経て教育委員会が決めることになったことを「改革」だと言うが、残念ながら、現場の感覚としては大きな変化はなかった。

次に大谷先生は、１９７０年代から統合教育を目指す部落解放同盟などの運動について語る。「実力闘争」についての語りは、歴史を生きてきた人間のリアルな迫力に満ちていた。「糾弾闘争」が否定されたのに、人権救済機関もできない、個人通報制度もできない矛盾と、１９９０年代後半の運動の後退への失意。そして制度改革へと舵を切るのに、制度も憲法も信じていない運動体を、いかに説得したか。そこから生まれた「学籍一元化」という目標。しかしこうした運動がなかなか実らなかったジレンマ。

障害者権利条約批准のための制度改革において、獲得できたのは、「本人保護者の意向尊重」だけだ。しかしそれすらも就学の決定プロセスで守られておらず、変わっていないどころか後退している。

川崎裁判の悔しさ

それを実証するのが、川崎裁判のケースだ。本人・保護者の強い意向を無視してなされた養護学校指定に抗って、裁判へ踏み切った経緯の中で、大谷先生は、自分自身は裁判には消

＊1　すべての子どもが地域の通常学校に学籍を置くことを原則とし、学校保健法で義務づけられている就学時健診の通知とともに就学通知を出す。そして特別支援学校などに行きたい子は手続きを踏めば学籍を移すことができるとする仕組みのこと。本書三の3参照。

極的だと語る。占拠してでも実力闘争で獲得するほうが早いという考えだと（この部分については、後に「口が滑った」と述懐していた）。

川崎裁判の一審で負けた時のことを語る口調は、本当に悔しさが噴出していた。専門家の意見に引きずられる就学支援委員会の問題性を、裁判官にしっかり理解させることができなかったという無念。

一審で裁判官は、法廷に来ていた子ども本人の顔を見なかった。人工呼吸器に関心を示しても、子どもと目は合わせなかった。この裁判官ではダメだと思った。

大谷先生はここで、単にその裁判官を批判するのではなく、過去の自分の姿を重ね合わせたというくだりは圧巻だった。康ちゃんが食事する風景を直視できなかった自分自身を率直に開示した。

裁判所に絶望した大谷先生は、川崎判決を、２０２２年国連障害者権利委員会対日審査の場に持っていって訴えた。国連の委員たちは、裁判官が子どもに会ってもいない専門家の意見を優先するのか？　と一様に驚愕していたという。その結果、獲得した総括所見では、「入学拒否禁止条項」を含め画期的な勧告がなされた（本書七参照）。

人権モデルとは

ここから総括所見にいう人権モデルの意義と、保護主義的アプローチ、すなわちパターナリズムの問題性について熱く解説。大谷先生が闘病中の身であることを完全に忘れさせる迫力だった。

康ちゃんは地域生活をして31歳で亡くなった。康ちゃんが地域での生活に求めたのは、地域で生を全うするということ。死ぬことの自由も、貫徹した。あの闘争の主人公らしく。

それを許さないパターナリズムとは何？

あなたにとっての安心・安全は、養護学校でしょ。これがパターナリズム。決めつけること。パターナリズムの反対語としての人権モデル。

障害者をあるがままの状態で受け入れる、それを体現するのが人権モデル。この普遍的・根源的な概念に国際社会はたどり着いた。そしてそれは何十年来、日本の実践や運動体が大切にしてきた観念とも一致するものだった。

これは遺言

最後に大谷先生が声を大にして呼び掛けたのは、発達保障論と共生共育論を融和させること。[*2]
「何とか融和できませんか？」
共生共育も発達保障も、人権であって、矛盾しない。ただし、分離されたところで発達を保障するのはパターナリズム。それでは共生共育にならない。共生共育と発達保障が融和しないと、いい教師にあたらない限り、ダメということになる。学校現場は教師で決まるから、教師が発達保障論によってこの子はここに来るべきじゃないと考えていたら、絶対うまくいかない。
そこが一番問題なの！　共生共育と発達保障がいつまでも対立していたら、学校現場はよくならない。地域の学校に入っても教師の助けがない。これは残念ながら不幸です。合理的配慮を可視化して、学校の先生たちが共生共育を担うようになることが必要。

＊2　障害児には特別支援で発達を保障すべきであるという派（発達保障派）と、共に学び共に育つ中で成長するべきであるという派（共生共育派）。本書三の２参照。

インクルーシブ教育は目標なんです。それを目指して実践すること。それにより、すべての子どもにとって学校文化が変わる。すべての子どもにとってのインクルーシブ教育なんです。インクルーシブ教育の完成形は、私たちが自由・平等・博愛の社会を見たことがないことと同じように、永遠の課題。でも、下げてはならない、到達した今の最新の人権。そうであるならこれに向けて、全生徒の学校文化を変える。学校文化が変われば地域も変わる。地域が変われば社会も変わる。

今日ぜひ皆さんに、ほんとに持ち帰ってもらいたい。

大谷先生は、持ち時間を大きく超過しながら、最後に何度も何度も繰り返し話した。インクルーシブ教育は人権。それは障害のある子のための教育だけでなく、全生徒のための学校文化を変えるものであるということ。これを今日は持ち帰ってもらいたいと。

終わりに、大阪シンポの最後の発言を紹介したい。

2022年、100人の障害者がジュネーブに行って総括所見を引き出してきた。これは貴重な私達の財産であり、これを得なければ一歩も進めない。

日本の体たらくも含めて何とかしなければいけないと、私は本当にギリギリのところに来ていると思っている。

ですから今日大阪でこれを開いたことを機に、2025年の人権大会[*3]ではぜひ、インクルーシブ教育を取り上げて、インクルーシブ教育は人権だということを、人権擁護の要の弁護士会がまず宣言することを提言したい。人権問題なのだから譲れないんだよと。それは、あったらいいな

＊3　2025年12月11日、長崎で開かれる日弁連の人権擁護大会で、インクルーシブ教育をテーマにシンポジウムが行われる予定である。

という希望じゃなくて、譲れない一線なんだよということを、まずは弁護士会から発信してもらいたい。今日はそのプレシンポだと思っているので、これだけの人が来てくれて、特に教師の方も来てくれて、私はとても嬉しい。

　現場を変えるのは教師にお願いするしかないから、この方々が、手を取り合って、子どもの教育に関する責任者として、子ども中心に、障害者中心にした教育を実践していただきたいとつくづく思っています。

　その最大のパートナーとして弁護士会はありたいと思いますので、よろしく頑張りましょう。


感動とともに、大谷先生からずっしり荷物を受け取った、そんな基調講演だった。[*4] 今となっては遺言として受け止めるしかない。

　この熱い願いのこもった大谷先生の基調講演の元原稿をベースにしながら、編集したのが本著である。


本書では、編者二人およびコラム執筆者の河邉優子にとって、大谷恭子先生は特別な師であり、教え導いてくれた感謝を込めて、「先生」の敬称でお呼びすることをご容赦いただければ幸いである。

＊4　2024年6月29日大阪シンポのアーカイブ動画は、日本弁護士連合会のホームページで期間限定で公開されている。
https://video.ibm.com/recorded/134148248

はじめに――障害児教育との出会い

私は刑事事件をやりたくて弁護士になったので、教育も福祉も、自分の仕事であると考えたことはなかった。その私が障害児教育に出会ったのはある刑事事件だった。弁護士登録から2年目の1979（昭和54）年、小学校の校門を乗り越えたという建造物侵入事件である。当時東京都足立区の小学校校門の前では養護学校2年生の金井康治君が地元の小学校への転校を求めて、毎日、校門の前に自主登校をしていた。康治君の両親は彼が就学する際は迷わず養護学校に就学させたのだが、弟が地域の学校に就学すると康治君は自分も弟と同じ学校に行きたいと言い出したのだ。両親はこの先、子どもの人生を考えたら弟たちや同じ団地の子どもたちと一緒に育って、康ちゃんのことをみんなに知ってもらえたほうがいいと考え、小学校への転校を求めた。両親は、当初簡単に転校は認めてもらえるだろうと考えていたようだ。ところが認めてもらえず、それでは校門前で学習していれば熱意をきっとわかってもらえるだろう、登下校時の子どもたちと友達になれるだろうと、自主登校[*1]を始めた。

１９７９年は障害児教育のエポックメイキングな年だった。１９４７年に制定された学校教育法は、障害のある子には特殊教育を施すとし、盲・聾・養護学校を各都道府県に設置しなけ

＊編注１　1979年（昭和54年）に都道府県に養護学校設置が義務づけられたこと（54義務化）により、地域の学校の学籍が認められないケースで、自主的に地域の学校へ通学する（自主登校）という運動が全国で行われた。

ればならないとしていた。ただし、全国に養護学校等を直ちには作れないのでその条項の施行が延期されていた。そして、いよいよ1979年に設置が義務づけられることになっていたのである。これを「54義務化」と言って、障害者団体・教職員組合や保護者の人たちが反対運動を繰り広げていた。その象徴的な運動が金井康治君の自主登校だったのである。

一方、この設置義務化は、保護者たちや長年障害者や障害者教育に取り組んでいた教師たちの悲願でもあった。国民皆教育のはずなのに、障害児は学校がまだできていないからと、就学猶予とか免除[*2]で教育が保障されていなかったのであるから、これに対して早く学校を作れとの要求運動が出てくるのは当然のことである。だったらなぜ、義務化に反対運動が起きていたのだろうか。

実は、1960年代後半、1970年代にははっきり、関西を中心に地域の学校での障害児教育が始まっていた。国際社会では、すでにノーマライゼーション[*3]が提唱され、障害概念についても見直しが始まっていた。障害児を受け入れた小学校では差別のない教室づくりとしてさまざまな工夫がなされていた。これに差別と闘う障害者団体や部落解放同盟が応援をし、反差別闘争として、全国各地で障害児の地域の学校への就学闘争が広がっていた。

障害児教育を、特殊教育（のちに特別支援教育）として盲・聾・養護学校（特別支援学校）でその子の発達を保障するのか、普通教育として地域の通常学校で共に学ぶことを保障するのか、この二つが「54義務化」をめぐって鋭く対立していたのである。これはそれ以降も日本の障害児教育に根深く残り続けている。

＊編注２　学校教育法18条により、病弱、発育不完全その他やむを得ない事由のため就学困難と認められる場合に、就学義務が猶予又は免除できるとされている。
＊編注３　障害をもつ者を特別視せず、当り前に平等に生活する社会を実現するために、社会基盤を整備していこうという理念。

この対立を背景に、教育委員会も小学校もとってもかたくなであった。自主登校は長引き、この日、自主登校が続けられるのは校内のトイレを使わせていたからだと考えた校長が、いつものように校内のトイレを使おうと校門を乗り越えた康ちゃんと支援の人を見とがめ、直ちに退去要求を出し、これに従わなかった青年は逮捕され、康ちゃんはその場でお漏らしをしてしまったのである。

建造物侵入事件は私の予想を裏切り、アッサリ起訴されてしまった。時に刑事事件は運動を潰す＝弾圧するために立件される。住民運動だろうと労働運動であろうと、それはしばしば経験する。このケースは、運動が背景にあるとはいえ、青年は当時9歳の障害児のバギーを抱えて、校内のトイレを使わせてもらうために校門を乗り越えたのである。明らかに不当起訴だと思った。青年はどの子も地域の小学校で学べたほうがいいと考え、自主登校の支援をしていたのだが、公務員であった。執行猶予では失職してしまう。私は刑事事件だったが教育裁判として無罪を主張する裁判にするしかないと思った。なぜなら、そもそも康ちゃんに地域の学校に学籍があれば侵入とはならない。転校を認めずに養護学校の学校指定処分[*4]が違法であると主張するしかないと思った。

これを主張立証するために、折しも発表されていた国際障害者年の世界行動計画に基づき、分離の強制は差別であることを憲法論に位置づけて主張し、また現に日本でも共に学んでいる地域があることを立証した。

残念ながら一審はまったく取り合ってもらえなかった。しかし、東京高裁では「統合教育は

＊編注４　就学先指定処分とも呼ばれる。特別支援学校の場合は、学校教育法施行令14条に基づいて都道府県教委が、普通学校の場合には同施行令５条に基づいて市区町村教委が、どの学校に就学すべきかを決定する行政処分である。

障害児教育の理想ではあるが、未だ全国の小学校に障害児を受け入れるには条件が整っていない」と総論では認めてもらえた。[*5] しかし、康治君の養護学校指定処分は違法とは言えない、と結果としては有罪。最高裁まで争い、青年は失職した。1982年のことである。

康治君の転校要求は、その後も教育委員会との粘り強い交渉を続けた結果、ようやく中学で地元の学校に就学することができた。なぜ中学でできることが小学校ではできなかったのだろうか。それは教育委員会もさることながら、現場の教師たちが頑強に障害児を受け入れることを拒否したからであった。

以来、私は全国の就学闘争で行政不服審査や教育委員会交渉に関わってきた。障害の種類と程度によって原則分離別学としている学校教育法のもとで、どのようにしたら地域の学校に就学できるか、成長を待てない子どものために早期に解決する必要もあり、さまざまな解決のための工夫をしてきた。あるところでは、障害が軽減してないのに軽減したということにして転校を認めてもらったことさえあった。

＊編注５　昭和57年１月28日東京高裁判決　『判例タイムズ』474号、242頁。

一、国際社会の流れ

この運動や交渉を支えたのが、国際社会の流れである（214頁、巻末資料1参照）。インクルーシブ教育の風が国際社会から届いたことについては異論のないところであろう。まずはその流れの確認をしておきたい。

1．国際障害者年と世界行動計画

障害者の権利が国連で宣言された最初のものは、1971（昭和46）年知的障害者の権利宣言である。これは、可能な限り「通常の生活」に彼らを受け入れることを促進する必要性があることを宣言したものであり、ノーマライゼーション宣言であると言ってもよい。次に宣言されたのが、知的障害者だけではなく障害者すべての権利宣言であった、1975年障害者の権利宣言である。これはよりはっきりと「通常の生活への統合」を宣言し、障害者は、家族とともに生活し、すべての社会的活動、創造的活動またはリクリエーション活動に参加する権利を有し、地域で居住することに関し、差別されてはならないとし、地域で生活し続けるにあたっての特別なサービスを位置づけ、施設入所を可能な限り例外的なものとした。

この時点で、ノーマライゼーションは不動のものとなり、どのように地域での普通の生活を実現できるかが大きな関心事になったのである。

そしてこれをより明確にしたのが、1981年国際障害者年を契機に、1979年に発表された障害者に関する世界行動計画である。国連は1981年を国際障害者年と位置づけ、これに続く10年（1983年から1992年）で、障害者の権利を実現するために国際社会が取り組むべき課題を「障害者に関する世界行動計画」として提起したのである（採択は82年）。

まず行動計画は、障害の定義を、その人が有する固有のものではなく、社会との関係から生ずるものであることとした。障害者が社会参加するためには、障害者個人のリハビリテーションだけではなく、これを受け入れる家庭、教育、就労等の生活の基本的諸要素の改善が不可欠であると提言した。これは障害者が社会参加するためには障害者が障害を克服するための努力が必要であるとされてきたことから、社会が変化しなければならないとする発想へ転換された画期的なものである。

そして、最も有名なくだりとして「ある社会がその構成員のいくらかの人々を締め出すような場合、それは弱くもろい社会である」と宣言したのである。ここにはっきりと通常の生活の保障＝ノーマライゼーションから一歩進んで、社会から排除されないこと、そして排除する社会そのものこそが問題であることが意識され、いわゆる障害の有無にかかわらず共に生きるインクルーシブ社会こそが障害者にとって必要不可欠なものであることが宣言されたのである。これは障害の定義をその人固有の欠損・欠陥であるとする医療モデルから、社会との関係から生じるとする社会モデルに転換することによって、社会そのものが変わらなければ、通常の生活の保障も、社会参加もあり得ないということが確認されたという意味において、障害者の権利保障のターニングポイントとなるものであった。

この中で教育についても明確に統合教育が提示され、この内容は以降、障害者の機会均等化に関する基準規則に受け継がれ、そして障害者権利条約に結実した。要するに、すでに1979年に発表されたこの行動計画において、インクルーシブ教育は明確に提示されていたのである。

［参考］世界行動計画（抜粋）

7．不利（ハンディキャップ）とは、障害者と彼らをとりまく環境との関係から生じるものである。それは他の市民が利用できる社会の種々のシステムに関し、障害者の利用を妨げる文化的、物理的又は社会的障壁に障害者が遭遇した時に生じる。このように、不利とは、他の人々と同等のレベルで社会生活に参加する機会が喪失又は制約されることである。

21．「完全参加と平等」という目標を達成するためには、障害者個人に向けられたリハビリテーションの施策だけでは十分ではない。経験の示すところによれば、損傷や能力不全が日々の生活に及ぼす影響の度合いを決定するのは、主として環境である。ある人が、一般の人々が地域社会において得ている生活の基本的諸要素として必要な機会を否定されたとき、その人は不利を負うことになるのである。

d．教育と訓練

120．加盟各国は、障害者が他の人々と均等な教育の機会をもつ権利を認める施策をとるべきである。障害者の教育はできる限り一般の学校制度の中で行われるべきである。障害者の教育に対する責任は、教育当局におかれるべきであり、又、義務教育に関する法律は、最も障害の重い者も含め、あらゆる範囲の障害をもつ子どもを対象とすべきである。

121．加盟各国は、大学年齢、進級に関するいかなる規則の障害者への適用に際しても、又、適当な場合には、試験手続きにつき、より柔軟性をもたせるよう考慮すべきである。

122．障害児・者に対する教育サービスの開発に当たっては、基本的な基準が充足されなければならない。これらのサービスは、以下のようなものであるべきである。

(a)個別化されていること――すなわち、関係機関・管理者・親たち及び障害児により相互に認められた客観的な評価によるニーズに基づくものであり、定期的に見直しが行われ、必要な場合には修正される明確に定められた教育課上の目標と短期的につながるものであること。

(b)地元で利用できること――すなわち、特別な事情におかれている場合を除いては、児童・生徒の家または居住から合理的な距離内にあること。

(c)包括的であること――すなわち、特別ニーズをもつすべての人に対して年齢や障害の程度に関わりなく提供されること。学齢期のいかなる子どもも障害が重いことを理由に教育上の措置から排除されたり、あるいは他の子どもの享受しているものよりも明らかに劣る教育上のサービスを受けることのないようにすること。

(d)選択の幅を提供すること——どのような地域社会においても、そこにおける特別なニーズに相応していること。

123. 障害児の一般教育制度への統合には、すべての関係者による計画化が必要である。

124. 何らかの理由により、一般の学校制度の施設が障害児にとって不適当である場合には、これらの子どもに対する教育は、適当な期間、特別な施設で行われるべきである。この特別な教育は、一般の学校制度における教育と同等の質のものであり、かつ、それと密接に関連したものであるべきである。

125. 教育のあらゆる段階において親の参加が非常に重要である。障害児の親には、障害児に対してできる限りの普通の家庭環境を提供できるようにするため必要な援助が与えられるべきである。障害児の親と協働することができるような要員の訓練がなされるべきである。

126. 加盟各国は、農村地域に特別の配慮を払いつつ、成人教育プログラムへの障害者の参加を図るべきである。

127. 通常の成人教育コースの施設が一部の障害者のニーズに応ずるには不十分な場合にはその通常のプログラムが改められるまでの間、特別コースあるいは訓練センターが必要となろう。加盟各国は障害者に大学レベルの教育を受ける可能性を与えるべきである。

2．障害者の機会均等化に関する基準規則

　１９８３年から１９９２年の世界行動計画10年の実施期間の終了時に、国連は障害者権利条約の採択をするべく準備をしていた。実は国連は、１９４８年に世界人権宣言を採択して以来、宣言を法的拘束力のある条約（規約）にするために加盟各国を説得し、66年には人権の総論的、総花的保障ともいうべき国際人権規約（自由権規約・社会権規約）を採択した。ただし、国連でも号令一下、人権条約を採択できるわけではない。世界各国に対して啓発、説得が不可欠であり、これを国連はまず「国際○○年」としてプロパガンダをし、以降10年、差別を撤廃し権利を確立するための行動計画を発表、10年の成果を踏まえ、法的拘束力のある条約とすることを常套手段とした。これに基づいて条約化されたものとして、国際婦人年から女性差別撤廃条約、国際児童年から子どもの権利条約へと発展していった両条約があげられる（27頁参照）。

　障害者差別に対しても、１９８１年「国際障害者年」、そして83年から10年の行動計画を経て、障害者と健常者が〝共に生きる〟ための「障害者差別撤廃条約」もしくは「権利条約」なるものが採択されるはずだった。実際、イタリア、スウェーデンを中心に、「国連・障害者の10年」の終了までに条約が成文化されるように、条約の骨子案まで準備されていたのである。しかし、残念ながら、これについては法的拘束力のある条約にするまでの国際的コンセンサスを得ることはできなかった。その代わりとして発表されたものが、１９９３年の「障害者の機会均等化に関す

る基準規則」である。したがって、発表された当初から、行動計画に代わって、引き続き各国に障害者差別を撤廃し、権利を確立するための具体的指針となるよう、国連加盟国に遵守が期待され、国際習慣法となるべく位置づけられたものなのである。

そして、その内容も、障害者を普通の市民社会に統合するために教育・労働・ケア等全分野にわたって国際基準を提示したものであり、教育においては、明確に統合教育を原則とすることが打ち出された。

〔参考〕障害者の機会均等化に関する基準規則（抜粋）

規則6：教育

政府は障害を持つ児童・青年・成人の統合された環境での初等・中等・高等教育機会均等の原則を認識すべきである。政府は障害を持つ人の教育が教育体系の核心であることを保障すべきである。

1．教育全般を担当する当局が統合された環境での障害を持つ人の教育に責任を負うべきである。障害を持つ人の教育は全国的教育計画、カリキュラム開発、学校運営の核心的部分であるべきである。

2．普通学校での教育は通訳者や他の適切な支援サービスを前提とする。多様な障害を持つ人のニーズを満たすためのアクセシビリティと支援サービスが提供されるべきである。

3．親のグループと障害を持つ人の組織が全てのレベルでの教育過程に関与すべきである。

4．義務教育を実施している国では、最重度の障害を含め、あらゆる種類とあらゆる程度の障害を持つ女子・男子に教育が提供されるべきである。

5. 特別の関心が次の分野に与えられるべきである。

(a) 障害を持つ幼い子ども

(b) 学齢期以前の子ども

(c) 障害を持つ人、特に女性

6. 普通学校において障害を持つ人に教育的設備を提供するために、政府は

(a) 学校の内外で理解され受け入れられる明確な方針を持たなければならない。

(b) カリキュラムの柔軟性・追加・変更を許容しなければならない。

(c) 質の高い教材、継続的な教員研修、補助教員を提供しなければならない。

7. 統合教育と地域に根ざした計画は障害を持つ人に対費用効果の高い教育と訓練を提供するお互いに補完するものと見なされるべきである。全国的な地域に根ざした計画は、障害を持つ人に地元での教育を提供するために、地域社会がその資源を利用し、開発するのを奨励すべきである。

8. 普通学校体系が障害を持つ人全てのニーズを依然として適切に満たさない場合には、特殊教育の考慮も可能である。その目的は学童を普通学校体系教育への準備することにあるべきである。特殊教育の質は普通教育と同じ基準と意欲を反映し、普通教育と密接に関連づけられるべきである。少なくとも、障害を持つ学童は、障害を持たない生徒と同じだけの教育的資源を割り当てられるべきである。政府は普通教育への特殊教育の段階的な全般的統合を目指すべきである。障害を持つ一部の学童には現在のところ、特殊教育が最も適切な教育の形態であると見なされる場合

もあることが認められる。

9. ろう者と盲ろう者はその特別なコミュニケーション・ニーズにより、ろう者と盲ろう者用の学校もしくは普通学校内の特別学級・班での教育が一層適切であるかもしれない。特に当初の段階では、ろう者もしくは盲ろう者の効果的コミュニケーションと最大限の自立をもたらす、文化に配慮した教育に特別の注意を寄せる必要がある。

3. サラマンカ宣言

障害者の教育の原則は統合教育であり、インクルーシブ教育であるということはその翌年1994年にユネスコが発表したサラマンカ宣言においてより顕著になり、差別と最もより闘える教育システムとして社会が変化するべきであるとするインクルーシブ教育が提言され、もはや後戻りはできなくなったのである。

[参考] サラマンカ宣言（抜粋）

我々は以下のことを信じて宣言する。

・すべての子どもは教育への権利を有しており、満足のいく水準の学習を達成し維持する機会を与えられなければならない。

・すべての子どもが独自の性格、関心、能力および学習ニーズを有している。

・こうした幅の広い性格やニーズを考慮して、教育システムが作られ、教育プログラムが実施されるべきである。
・特別な教育ニーズを有する人びとは、そのニーズに見合った教育を行えるような子ども中心の普通学校にアクセスしなければならい。
・インクルーシブ（inclusive）な方向性を持つ学校こそが、差別的な態度とたたかい、喜んで受け入れられる地域を創り、インクルーシブな社会を建設し、万人のための教育を達成するためのもっとも効果的な手段である。さらにこうした学校は大多数の子どもたちに対して効果的な教育を提供し、効率性をあげて結局のところ教育システム全体の経費節約をもたらすものである。

4．障害者権利条約の採択へ――1990年代～

国連が人権条約を採択する時の一つの手法として、まず「国際〇〇年」を設定し、行動計画を世界に提起し、その終了年までに条約化するという手法をとっていた。たとえば、女性の人権条約は1975年に国際女性年を宣言し、その年の世界女性会議で行動計画を採択し、早々に1979年女性差別撤廃条約が採択された。子どもの権利条約は、そもそも1959年のユネスコの児童の権利宣言に始まり、その20年の節目に国際子ども年を設定し、その後の10年でさまざまな国際イベントを展開し、1989年に子どもの権利条約を採択した。障害者権利条約も、およそその流れで条約化を期待し、実際、1993年には草案までたどり着いたが、残念ながら、国際社会の一致をみることができず、条約化できなかった。それに代わるものとして、1993年に「障害者の機会均等化に関する基準規則」が公表され、これを慣習法として遵守されるべきであると宣言された。条約の採択にまでには至らなかったのだが、何とか行動計画を引き継ぎ、これを実行しながら規範性を高めようとした。

1989年に採択された子どもの権利条約においても、初めて、障害による差別の禁止が規定され、また教育の目的にも「差異の尊重」という文言が初めて入り、そして「統合された環境」という表現であるが、インクルーシブ教育が初めてその萌芽ではあるが、規定された。

そしてその後も「万人のための教育宣言」（1990年）、サラマンカ宣言（1994年）を発出し、インクルーシブ教育について喧伝し続けた。

そしていよいよ2001年になって条約化のための起草委員会が立ち上げられたのだが、10年待ってその時期を得たということなのか、10年前にはなかった当事者自身が条約を作るという画期的な展開となった。「私たち抜きに私たちのことを決めるな」を合言葉に、「山が動いた」のである。日本についてどんな条約になるかに関心を持ち続けていた私にとっても、それはとても新鮮なことであった。率直に言って、それまで法律とか、ましてや国際文書である条約を策定する委員会に知的障害者自身が意見を述べ、委員として活躍できるなどということは全く想定できなかった。どんなふうに情報が保障され、意見をくみ上げられているのか、それは、その後、日本での権利条約批准のための障がい者制度改革推進会議を経験することで実感できたが、その当時は夢のような話だと思っていた。

ただ、最後まで教育がどのような規定になるかについては予断を許されない状況だと思っていた。国際社会においても、障害児には特別な教育が必要だという主張は根強くあったし、実際、１９９３年の基準規則も例外的にせよ特別な教育が必要な場合があるという規定が最後の段階で入れられたが、これは日本政府の強い要請だったと聞いている。

２００１年12月、国連は障害者権利条約を検討する特別委員会を設置し、93年に見送られた条約化に再度の挑戦をし、世界の多くの障害当事者の参加を得て、２００６年12月、ついに障害者権利条約を国連総会で採択したのである。この日、世界の障害者は国連総会を注視し、「山が動いた」と歓喜した。

この条約の一般原則（3条）として掲げられたのが、インクルージョン（包容）だった。条約における一般原則とは、同じく原則として掲げられている尊厳の保障、非差別、多様性の尊重等に明らかなように、条約の基本的なポリシーであり、究極的に求め続けるものであり、あらゆる領域、場面において追及されなければならないものである。要するに、これはすべての権利に共通するものとして掲げられたのであり、教育はもとより、雇用も、地域生活全般にわたって分離されることなく権利が保障されなければならないということが明記されたということである。

インクルージョンとは、障害の有無だけでなく、少数民族等あらゆるマイノリティが社会に現に存在していることを前提に、彼らがマジョリティに存在をおびやかされることのないように、社会が変わらなければならないということを前提にしている。

確かにノーマルという言葉にはどこか正常――異常という判断がつきまとい、言葉とすると包摂・包括を意味するインクルーシブ、インクルージョンのほうがより共生に近いように思うが、マイノリティを社会から分離・隔離することは差別であり、人権侵害であると明確に位置づけていることはどちらも同じである。その上で、マイノリティの社会への統合は、社会の変革なくしてはありえないという自覚のもとに、より広範な取組みを要求することがインクルージョンである。

障害者に金銭を付与し、施設をあてがうのではなく、地域社会で共に学び、働き、生きる仲間として位置づけ、これを妨げるものを取り除き、社会こそを変えていく、これは障害者の人権問題である。人権の視点から、〝共に生きる〟ことが保障されていなければならないということなのである。

それでは教育におけるインクルーシブとは具体的にどのようなものを指すのであろうか。これについて、権利条約24条は教育全般について規定しているが、その内容は以下のとおりである。[*6]

［参考］障害者権利条約24条（抜粋）

1項本文

あらゆる段階の教育制度をインクルーシブなもの（＝障害者を社会に受け入れたもの）とすること

1項a（教育の目的）

教育の目的に、教育の一般的目的に加え、自己の価値に対する意識を十分に育成することを加えたこと

編註6　著者により条文を抜粋要約した内容となっている。

2項a（排除の禁止）
一般的教育制度から排除されず、初等・中等の義務教育から排除されないこと
2項b（自己の住む地域社会での教育）
自己の住む地域社会でインクルーシブな（障害者を社会＝クラスに受け入れた）初等・中等教育にアクセスできること（受けることができること）
2項c（合理的配慮の保障）
教育を受ける権利を実現するために合理的配慮が保障されること
2項d（支援の一般的教育制度内での保障）
有効な教育を促すための必要な支援が一般的教育制度内で保障されること
2項e（フルインクルーシブを目指す個別支援措置）
個別支援措置はフルインクルーシブ（障害者をクラスの一員として完全に受け入れること）を目標とすること
3、4項（コミュニケーション保障）
コミュニケーション障害を有する障害者の教育への権利を規定したこと
5項（すべての段階における教育の保障）
高等教育、職業訓練、成人教育、生涯教育にアクセスできること（受けることができること）と、そのための合理的配慮を保障したこと

要するに権利条約は、あらゆる段階のあらゆる種類の教育について、障害者の権利を認めたものである。

1971年ささやかな権利宣言から始まったインクルーシブの小さな風は、2006年権利条約として結実し、国際社会はこの実現に向けて取り組まなければならない法的義務を課せられた。

5．インクルーシブ教育を受ける権利が人権へ――2016年一般的意見[*7]4号

2006年に策定された権利条約は、3条の一般原則にインクルージョンを規定し、重ねて24条教育ではインクルーシブ教育を規定しているが、ただし、インクルージョンとインクルーシブ教育の定義は規定していなかった。

そこで公表されたのが、2016年に障害者権利委員会から発出された「インクルーシブ教育を受ける権利に関する一般的意見」である。ここではっきりとインクルーシブ教育が定義された。

［参考］障害者権利条約一般的意見4号（2016年）（抜粋）

10．インクルーシブ教育は、以下のように理解される。

（a）すべての学習者の基本的人権。特に、教育は個々の学習者の権利であり、児童の場合、親や養

＊編注7　一般的意見とは，国際条約に基づいて，締約国の選挙によって選ばれた委員で構成される条約機関（障害者権利条約の場合，「障害者権利委員会」という名称）が、条約の解釈を示す国際文書のこと。

育者の権利ではない。この点において、親の責任は児童の権利に従属する。
（b）すべての生徒の福祉を重視し、彼らの固有の尊厳と自律を尊重し、個人のニーズと、効果的に社会に参加し、貢献する能力を認めるという原則。
（c）他の人権を実現する一手段。障害のある人が貧困から脱し、地域社会に完全に参加する手段を得、搾取から保護されることを可能にするために主要な手段。また、インクルーシブな社会を実現するために主要な手段。
（d）教育を受ける権利を妨げる障壁の撤廃に対する継続的かつ積極的なコミットメントのプロセスの結果で、すべての生徒に配慮し、効果的にインクルージョンするために、通常学校の文化、方針及び実践を変革することを伴う。

私はこの定義の中でも最も重要なことは、インクルーシブ教育は個々人が有する人権であると定義されたことだと思っている。

子どもの権利条約の日本政府報告に対しては、再三統合された環境での教育について勧告されていたが、障害者権利条約の一般的意見4号発出後にはより明確な形で、インクルーシブ教育を進めるよう勧告が出されている。

［参考］「子どもの権利委員会」第４回・５回政府報告に対する勧告（２０１９年）（抜粋）

パラグラフ32（障害のある子ども）

……締約国が、障害について人権を基盤とするアプローチをとり、障害のある子どものインクルージョンのための包括的戦略を確立し、かつ以下の措置をとるよう勧告する。

（b）統合された学級におけるインクルーシブ教育を発展させかつ実施すること、ならびに、専門教員および専門家を養成し、かつ学習障害のある子どもに個別支援およびあらゆる適正な配慮を統合された学級に配置すること。

（c）学童保育サービスの施設および人員に関する基準を厳格に適用し、かつその実施を監視するとともに、これらのサービスがインクルーシブであることを確保すること。

そしていよいよ障害者権利委員会からの第1回の政府報告に対する勧告が２０２２年に出された。この内容を述べる前に、まずはこの間の日本の障害児教育について説明したいと思う。

二、日本の障害児教育の流れ――専門家による振り分け

障害児教育をめぐる国際社会の流れに対し、日本の障害児教育がどのように変化し、変化しなかったのか。

1979（昭和54）年、多くの反対を押し切って障害児と健常児を、学校教育法施行令22条の3によって二分し、原則分離別学教育が制度的に完成した。この二分した教育体制は、微調整を重ねながらも、残念ながらまだほとんど、まったくと言っていいほど変わっていない。以下、どのようにして、子どもたちが「専門家」によって分けられてきたのかを、就学手続きを中心に見ていく。

1．昭和54（1979）年義務化以前――学校教育法施行令22条の3の画一的適用

1947年に制定された学校教育法は、健常児には普通教育、障害児には特殊教育とする二本立の制度設計を前提として、障害の種類と程度（学校教育法施行令22条の3の表）によって、就学先を画一的に決めるとしていた。*8

＊編注8　1947（昭和22）年当時の学校教育法は、「71条　盲学校、聾学校又は養護学校は、夫々盲者、聾者、又は精神薄弱、肢体不自由その他心身に故障のある者に対して、幼稚園、小学校、中学校又は高等学校に準ずる教育を施し、合わせてその欠陥を補うために、必要な知識技能を授けることを目的とする。」と規定していた。

これは、障害を個人の欠陥と捉え、訓練や医療により治していくべきものと考える医学モデルないし個人モデルに基づく政策である。

しかし、法制定後ただちに全国に養護学校等（現特別支援学校）を設置することができず、これの完全実施は１９７９（昭和54）年（いわゆる「54義務化」）まで延期されていた。設置義務が履行されない結果就学義務も発生していなかったこの間は、各地域の取り組みによって、障害のある子も地域の学校に就学できていた。実際、特に関西地域では、すでに多くの障害児が地域の学校で学んでいた。これが義務化以降はできなくなるのではないかとの危惧もあり、義務化以降も、どの子も地域の学校に就学し、障害のない子もある子も共に学ぶべきであるとの運動が「54義務化反対」として全国的に活発化した。

2．専門家の意見聴取のはじまり（昭和53年10月6日・文初特第３０９号）

この事態に対し、義務化の前年１９７８（昭和53）年、文部省（当時）から出されたのが、昭和53年10月6日・文初特第３０９号通達である。これは、学校教育法施行令22条の3の表は医学的判断による画一的なものであるが、「心身の故障の判断に当たっては、医学的、心理学的、教育的な観点から総合的かつ慎重に行い、その適正を期すること」とされた。これは、さすがに医学的判断だけで就学先を決めてしまうことは不適切であるとされ、たとえ「医学的には」22条の3の表に該当する障害の程度でも、「心理学的」「教育的」判断で、該当しないとする判断もしうるとしたものである。これによって、たとえば、表には該当するが、保護者が強く地域の学校での就学を希望しているような場合は、「教育的」「心理学的」判断で地域の小学校に就学できうる余地を残した。そして同時に、「教育的」「心理学的」観点の専門家として教師や福祉職らが想定され、彼らで構成される「就学指導委員会」を各市町村、都道府県に設置し、ここで「心身の故障」の種類と程度の調査および審議を行うこととするよう通達された。

要するに、専門家の意見は、22条の3の表に規定する心身の故障の程度を医学的観点だけで判断するのではなく、「教育的」「心理学的」要素も加味して総合的に判断するために導入されたのである。これを受けて、共学に熱心な自治体ではこれをもとに地域の普通学校に障害児を就学させることができたが、多くは、専門家として入った教職員と福祉職らは教育委員会に選任された者たちであり、これらの意見は教育委員会と同旨であることが多く、結局、就学指導委員会の判定（＝専門家の意見）によって地域の学校への就学が阻まれてきた。

3．専門家の意見聴取の義務化（学校教育法施行令18条の2）と保護者の意見表明の機会付与

このように、日本においては、障害児教育は特殊教育と規定され、その判定も専門家らによって構成される就学指導委員会によって判定されてきたのであるが、これに対し、毎年のように、地域の学校に就学を求める本人・保護者らとの対立状況が続いた。しかも、国際社会においては、まさに１９７９（昭和54）年、日本が養護学校等への就学義務づけが完成した年に、国際障害者

年（１９８１年）のための世界行動計画が策定され、障害者を社会から排除することを禁止し、また障害概念も医学モデルではなく社会モデルで判断されるべきであるとの提示がなされ、以降、１９８５年子どもの権利条約、１９９０年万人のための教育宣言、１９９３年障害者の機会均等化に関する基準規則、１９９４年サラマンカ宣言、そして、２００１年以降は、障害者権利条約の策定に入り、障害のあるなしにかかわらず共に生きるべき社会が提唱され、排除は差別であるとの認識が高まっていた。

この国際的流れを受けて、障害児教育のこれからについて、文部科学省（以下、「文科省」）が設けた「21世紀の特殊教育の在り方に関する調査研究協力者会議」は『21世紀の特殊教育の在り方について――一人一人のニーズに応じた特別な支援の在り方について（最終報告）』[＊9]を発表した。これに基づき、２００２年、従来施行令22条の３の表に該当する子どもは画一的に特別支援学校に就学させるべきであるとしていたものを、一定の要件のもとに例外的に地域の学校に就学できることを認めた認定就学者制度を設け、また、学校教育法施行令18条の２を新設し、１９７８年（昭和53年通知）に周知されていた専門家の意見の聴取を学校教育法施行令に明記した。

さらに、２００２年「障害のある児童生徒の就学について」（14文科初第２９１号）が発出され、各市町村教育委員会に専門家によって構成された就学指導委員会を設置し、ここで専門家の意見を聴取し、さらに、「就学指導に当たっての留意事項」として「障害に応じた教育内容等について保護者の意見を聞いたうえで就学先について総合的な見地から判断することが大切である。具体的には就学指導委員会において保護者の意見表明の機会を設ける等の方法が考えられる」と初め

＊編注９　https://www.mext.go.jp/b_menu/shingi/chousa/shotou/006/toushin/010102.htm

て保護者の意見表明について言及した。ただし、まだ、「表明の機会を設ける」とされただけであり、その機会も就学指導委員会において意見表明できるとの想定であった。なお、この平成14年通知によって昭和53年通知は廃止されたが、22条の3の表の判定にあたって医学的だけではなく教育学、心理学の各専門家の意見を聞き、総合的に判断するべきであるとの姿勢は一貫している。

また、2007年改正においては、障害児教育を特殊教育としていたものを、その名称を特別支援教育と改め、また、22条の3の表に該当しない障害児として発達障害児が普通学校に就学していることを認め、2004（平成16）年に制定された発達障害者支援法に基づき、普通学級においても特別支援教育ができるように改正された。原則、分離別学の教育体制の下では、障害児は普通学級には存在しないとされ、存在すれば違法もしくは「潜《もぐ》り」であったが、これを合法的に存在しうるものとし、また普通学級においても特別支援教育ができるようにした。

これらは、2000年以降、国連で障害者権利条約が審議・採択される過程において、いよいよ日本も、従来の分離別学体制の転換を迫られることになり、その前哨として、露骨な分離別学体制を緩和するべく改正されたものであり、保護者の意見表明の機会の付与もこの流れの中で位置づけられた。

4．内閣府・障害者制度改革推進会議における議論

2006年に国連で障害者権利条約が採択され、日本政府は2007年に署名した。その後、

権利条約を批准し、国内法として発効するに際して、当事者団体などの多くから、現状の国内法では条約の要求水準を満たしておらず、締約国としての義務が果たされないとの指摘がなされた。そこで、内閣府は、批准の前に国内法整備に着手することとし、2009年12月8日に、「障害者の権利に関する条約（仮称）の締結に必要な国内法の整備をはじめとする我が国の障害者に係る制度の集中的な改革を行」うことを目的として、内閣に障害者制度改革推進本部が設置された。

そして、障害者制度の制度改革においては障害を持つ当事者の意見こそが反映されるべきであるとされ、同本部の下に、当事者や学識経験者からなる障害者制度改革推進会議（以下「推進会議」とする）が設けられた。*10

推進会議の議論を経て、教育に関しては2010年6月7日の第一次意見において「障害のある子どもが障害のない子どもと共に教育を受けるという障害者権利条約のインクルーシブ教育システム構築の理念を踏まえ、体制面、財政面も含めた教育制度のあり方について、平成22（2010）年度内に障害者基本法の改正にもかかわる制度改革の基本的方向性」をまとめるべきであると方針が示された。

これを受けて、障害者基本法の改正を含んだ制度改革についての議論が進められ、推進会議の2010年12月17日付第二次意見*11においては「日本における障害者に対する公教育は特別支援教育によって行われており、法制度として就学先決定に当たっては、基準に該当する障害のある子どもは特別支援学校に就学する原則分離別学の仕組みになっている。障害者権利条約は、障害のある子どもとない子どもが共に教育を受けるインクルーシブ教育制度の構築を求めており、こう

＊編注10　著者は推進会議の委員に就任した。
＊編注11　https://www8.cao.go.jp/shougai/suishin/kaikaku/kaikaku.html

した観点から、現状を改善するために以下を実施することが必要である。」としたうえで、以下のようにとまとめられた。

・障害のある子どもは、他の子どもと等しく教育を受ける権利を有し、その権利を実現するためにインクルーシブな教育制度を構築すること。

・「障害の状態に応じ、十分な教育が受けられるようにする」という現行の規定は、障害の種別と程度によって就学先が決定されることを許容し、インクルーシブな教育制度と矛盾する恐れがあるため表現を改めること。

・障害のある子どもとない子どもが、同じ場で共に学ぶことができることを原則とするとともに、本人・保護者が望む場合に加えて、最も適切な言語やコミュニケーションを習得するために特別支援学校・学級を選択できるようにすること。

・本人・保護者の意に反して、地域社会での学びの機会を奪われることのないようにすること。

すなわち、内閣府が条約批准のために設置した合議体において、条約批准に際して、条約の求めるインクルーシブ教育の実現のために、現行（当時）の分離別学制度を改め、本人保護者の意向に反して地域社会での学びの場が奪われることのないような制度設計がされることが明確にされたのである。なお、「地域社会の学びの場を奪われることのないように」とは、特別支援学校が都道府県単位で設置されており、就学すると自宅から遠くへ通わざるを得ず（昔は寮制も多く利用されていた）、地域で生活し友人を作る機会も喪失してしまうことから、そのような機会喪失を生じさせることのないように「地域社会での学びの場」を確保すべきであるという趣旨である。

この意見を踏まえて、政府は「障害者基本法の一部を改正する法律案」を２０１１年4月22日に閣議決定し、国会へ提出した。

同法律案は、衆議院において政府案を一部修正の上、同年6月16日に全会一致で可決され、参議院においては7月29日に全会一致で可決・成立し、8月5日に公布・施行（一部を除く）された。

改正障害者基本法においては、教育の分野においても、障害者本人・保護者の希望に応じて、可能な限り障害者が障害者でない者と共に教育を受けられるよう配慮する旨を新たに規定するとともに、そのために必要な人材の確保および資質の向上等を促進する旨が新たに規定された（16条1項3項）。

すなわち、障害者基本法の規定は、条約の保障するインクルーシブ教育を受ける権利を、国内法において反映したものである。

5.「保護者の意見」と「専門家の意見」の位置づけの逆転

内閣府の推進会議の第一次意見を受け、各事項ごとに関係府省において検討することとされ、「インクルーシブ教育システム構築の理念を踏まえ、体制面、財政面も含めた教育制度の在り方について」、文科省において議論することとなった。そして、２０１０年、文科省より中央教育審議会（以下「中教審」とする）初等中等教育分科会に対して審議要請があり、この件についての特別委員会が設置された。特別委員会は、２０１２年7月に「共生社会の形成に向けたインクルーシブ教育システム構築のための特別支援教育の推進（報告）」（以下「平成24年7月特別委員会報告」と略する）を最終報告としてまとめた。

報告において「就学基準に該当する障害のある子どもは特別支援学校に原則就学するという従来の就学先決定の仕組みを改め、障害の状態、本人の教育ニーズ、本人保護者の意見、教育学、医学、心理学等の専門的見地からの意見、学校や地域の状況を踏まえた総合的な観点から就学先を決定する仕組みとすることが適当である」との提言がなされた。翌平成25（2013）年の学校教育法施行令の改正は、この平成24年7月特別委員会報告を基盤として行われたものである。

すなわち、学校教育法施行令の改正も、インクルーシブ教育を受ける権利の保障を前提として行われてきたものである。だからこそ、施行令の施行と同日に配布された通知において、わざわざ、改正がインクルーシブ教育システムの保障のためであった趣旨を踏まえて、今後の就学手続きを行うようにと周知している。

2013年改正以後の学校教育法施行令22条の3の表の該当性については、専門家の意見によって判断され、該当するとされれば原則的に分離されるという制度的な22条の3の表の拘束力はなくなり、全ては総合的判断の一要素となった。以降の専門家の意見は、法的位置づけとして改正後の方が格段に軽くなっている。加えて、後述するように、総合判断するにあたっては、保護者の意向を最大限保障すべし、との通達（25文科初第655号　平成25年9月1日[*12]）が出されたのである。これによってもはや専門家の意見と保護者の意見は並列的なものではなく、保護者の意見への拘束力が格段と高くなった。

＊編注12　https://www.mext.go.jp/a_menu/shotou/tokubetu/material/1339311.htm

障害のある児童生徒の就学先決定について（手続の流れ） 2013年改正前

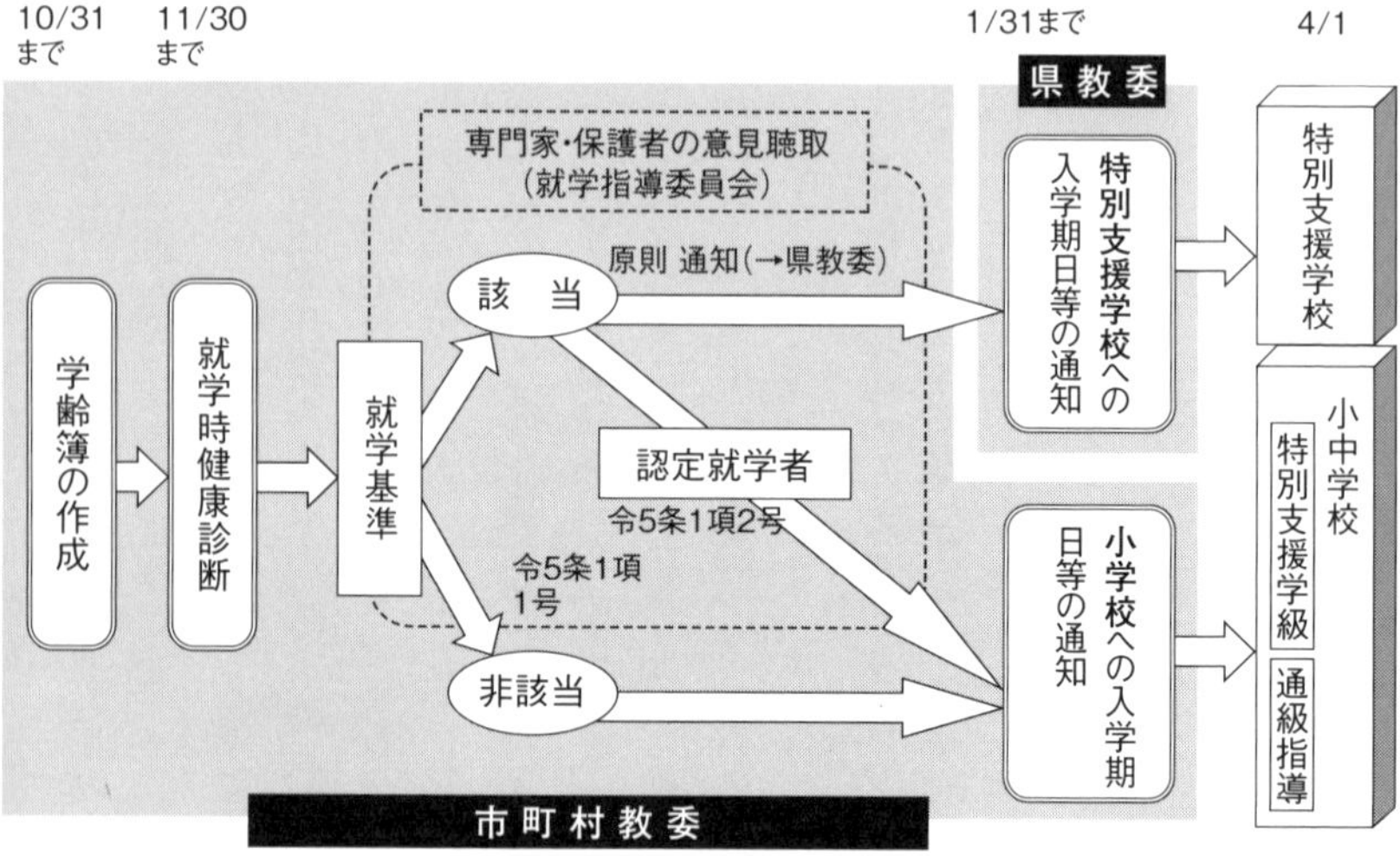

出典：文部科学省
https://www.mext.go.jp/b_menu/shingi/chousa/shotou/054/shiryo/attach/1366379.htm

障害のある児童生徒の就学先決定について（手続の流れ） 2013年改正後

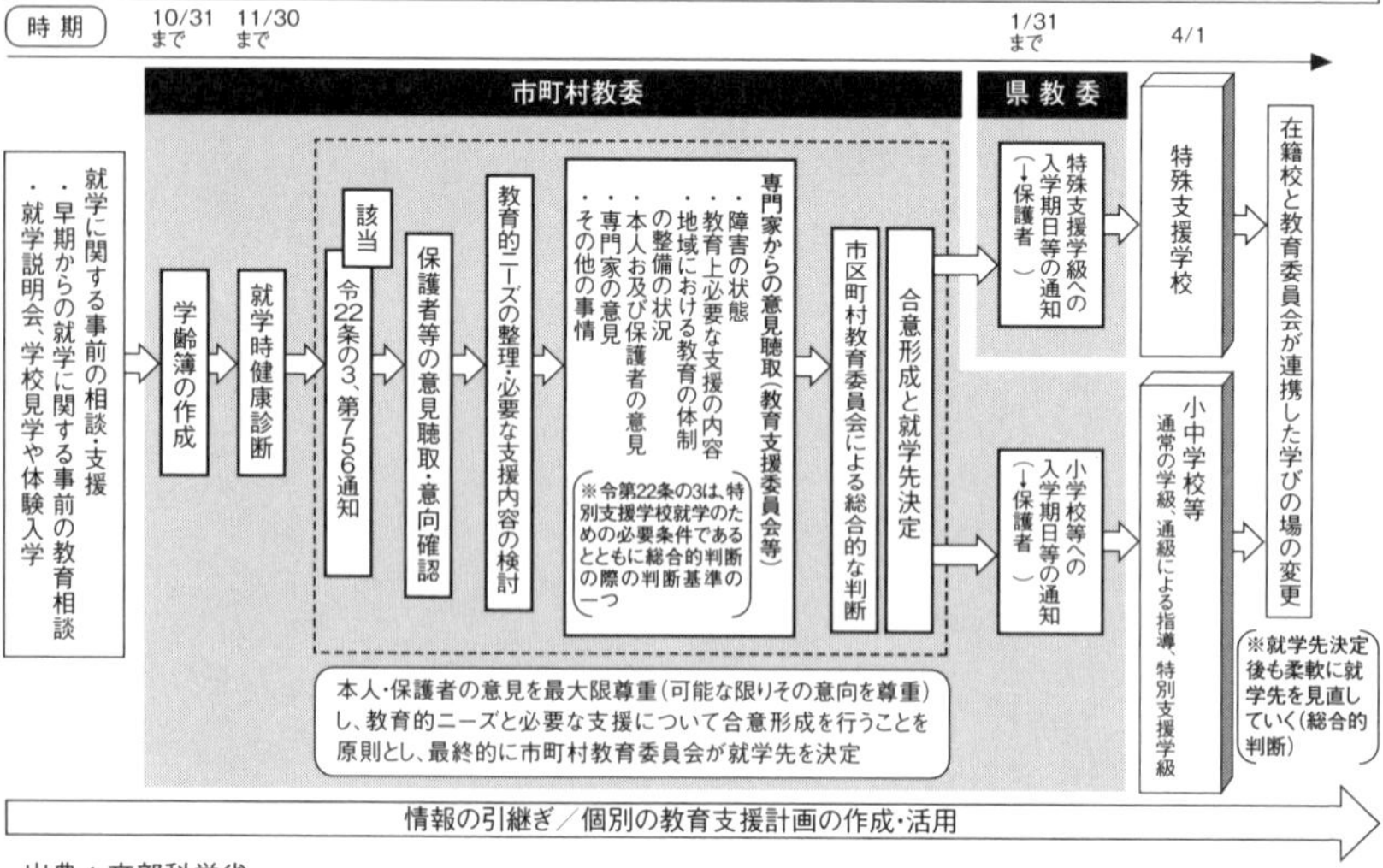

出典：文部科学省
https://www.mext.go.jp/a_menu/shotou/shugaku/detail/1422234.htm

すなわち、２０１３年改正以前は、未だ分離別学体制の元で、原則として就学先は法定されていて、保護者の意見はただ「聴取の機会が与えられる」（平成14年通知）としか位置づけられなかったが、２０１３年改正は、各人の就学先を個別判断することになったのであり、ここでは専門家の意見は判断の一要素にすぎなくなった。一方保護者の意見は、２００２年（平成14年）通達では、就学指導委員会において意見を表明する機会を与えられるとされていたものを、２０１３年施行令改正において18条の2に保護者の意見聴取を義務づけ、さらに同年の通達によって「可能な限り尊重する」としたのである。*13

意見表明の機会付与から、聴取義務を課し、かつ可能な限り尊重すると変更したのであるから、決して総合的判断の一要素ではすまなくなったのである。ここに、専門家の意見と保護者の意見の軽重は、まったく逆転したと言わざるを得ない。

6.「専門家」が市（県）の職員と特別支援教育もしくは療育に係るものたちで構成されたことの問題点

以上のように日本の障害児の就学先決定には、１９７８年（昭和53年）以来、「教育学」「心理学」の専門家の意見を聞いて決定することとされてきた。昭和

＊編注13　改正に際して「「可能な限り尊重」とは「最大限尊重」の意であると示されている。第177回国会　内閣委員会　第14号（平成23年6月15日（水曜日））議事録

• 村木厚子政府参考人　「「可能な限り」という表現については、議論の過程でもさまざまな御意見がございました。「可能な限り」と書くことで、基本的な方向に向けての努力が少しそがれてしまうのではないかという御懸念もありました。

この表現が一番よかったかどうかという問題はございますが、私どもが込めた思いとしては、基本的な方向に向けて最大限の努力をするという趣旨でこういった表現を使っているという気持ちを酌み取っていただければというふうに存じます。」

https://www.shugiin.go.jp/internet/itdb_kaigirokua.nsf/html/kaigirokua/000217720110615014.htm

53年通達で明らかなように、この専門家はおよそ市職員もしくは特別支援教育（特殊教育）もしくは療育に関わった者たちで構成されており、分離された教育機関での教育もしくは療育を原則としてきた機関の者たちで多く構成されていた。インクルーシブ教育や障害者の地域生活についての「専門家」によって構成されていたわけではない。

まず昭和53年通達によって想定された専門家は以下のとおりである。

「第2 就学指導体制の整備について 都道府県及び市町村においては、専門家の意見を聞くことにより適切な就学指導を行うための機関（以下「就学指導委員会」という）を次に掲げるところにより設置するものとする。

iii 就学指導委員会は、都道府県にあっては、医師5人以上、教職員7人以上及び児童福祉法に定める児童福祉施設の職員3人以上をもって、市町村にあっては、医師2人以上、教職員7人以上及び児童福祉施設等の職員1人以上をもって組織することが望ましいこと」（文初特第309号）

この通達が、平成14年文科初第291号通達として改正されたことは前述したとおりであるが、ここでも専門家は、教員および福祉職が想定されていて、昭和53年通知を大きく変えるものではない。唯一の変更は、「教育学、心理学等の観点から総合的な判断を的確に行うための知見を有する者が含まれることが重要である」との指摘が入り、ようやく有識者が入ることになった。

すなわち、「（1）就学指導委員会 ウ 就学指導委員会の構成員は、たとえば障害のある児童生徒に対する教育の経験のある教員、医師、児童福祉施設の職員等が考えられるが、教育学、心理学等の観点から総合的な判断を的確に行うために必要な知見を有する者が含まれることが重要である」(14文科初第291号) と記載されている。

結局、この専門家の意見集約の委員会として構成される就学指導委員会 (平成14年以降は就学支援委員会) は、専門家といってもおよそ教育委員会のメンバー、教師、療育センターの職員らで構成されており、インクルーシブ教育を推進する意見や市町村の意向に反する意見を出しにくい構成であったと言わざるを得ない。

ここには地域の学校で障害児の教育を担当した者もいなければ、インクルーシブ教育の専門家もいない。構成員は、特別支援教育の「専門家」であり、「療育」の専門家であって、インクルーシブ教育の経験者も、学識者も存在しないのである。これでは、最初から自治体の意向に沿った意見が出されるだろうことが想定されていると言わざるを得ない。

7. まとめ

以上のように、日本の障害児教育は、権利条約批准後も分離別学教育 (特別支援教育) が主流である。分離別学教育は明らかにインクルーシブ教育に反するにもかかわらず、文科省は、条約を意図的に誤訳し、インクルーシブ教育システム内に位置づけられていると主張している。条約は、障害児教育は general education system の中で保障されなければならないとしている。これは一般的教育制度の中で保障されること、すなわち通常学校の中で保障されることを意味するが、文科省は当初これを、教育制度一般の中で保障されればいいのだと訳し、特別支援教育の推進もインクルーシブ教育システム構築の一環であると強弁しているのである。[*14] 条約はあくまで一般的教育制度である通常学校をインクルーシブなものにせよと言っているのだが、文科省は特別支援教育を推進することをそこに潜り込ませ、インクルーシブ教育システムの構築は漸進的でいいのだという解釈に立っている。もちろん基礎的環境整備も重要であるが、いまだ条件の整っていないところでは合理的配慮で同じ内容が保障されなければならない。そこが明確ではない。また就学先決定は、54義務化以降一貫して専門家で構成される就学指導（判定）委員会で総合的にするとなっていたのだが、制度改革においてもこれが維持され、唯一入った保護者の意見の尊重は、実際には、障害が重度である場合は尊重されていない。

そして、特別支援学校（学級）に在籍して、限定的に、たとえば運動会、学芸会の行事交流とか、お手紙での間接交流という形で、居住地校・原学級交流[*15]することがインクルーシブ教育であるとしている。

実際、権利条約批准後も特別支援学校在籍者数は伸び続けている。

＊編注14　文科省は非難を受けて後に訳語を「教育制度一般」から「一般的な教育制度」に変更した。

＊編注15　住む地域から離れた特別支援学校に通う子どもが多いため、地域の学校との交流をする場合、特別支援学校のある地域の学校との交流が行われる場合が多々ある。これに対し、子どもの住む地域の学校と交流する場合を、「居住地校交流」という。また、特別支援学級在籍児童が、通常学級の子どもと交流する場合。その通常学級のことを地域によって原学級と呼んだり、交流学級と呼んだりすることから、特別支援学級在籍児童が通常学級で過ごすことを原学級交流と呼ぶことがある。

【コラム】就学支援委員会は判定指導委員会、そしてその内実は

名谷和子

（障害児を普通学校へ・全国連絡会運営委員）

私は学生時代の養護学校義務化に反対する障害当事者との出会いから、「共生共学」にこだわり小学校で実践を続け教員生活を過ごしてきた。障害のある子と出会い、自分の中にある能力主義や優生思想を問われた。障害がある子がクラスにいたからこそ子どもたちの素晴らしさに気づかされ、教員として、人間として育てられてきたと思っている。

世田谷区内の「普通学級で障害児を受け持つ担任と親の交流会」はまもなく400回目を迎える。大谷さんと共に「障害者権利条約批准・インクルーシブ教育推進ネットワーク」を立ち上げ、その事務局も担ってきた。また、「障害児を普通学校へ・全国連絡会」の運営委員を現在も続けている。以下その立場から、専門員経験を通じて確信した就学支援委員会の実態を具体的に伝えることで、本書を補強する。

世田谷区では就学相談を申し込むと、専門家による行動観察が2回行われる。専門員（区から委嘱された支援学級担任と普通学級担任の教員）によるものと、区の心理士によるものである。普通学級担任は持ち回りで各学校に割り当てられ、教育相談担当や特別支援コーディネーターが任命される。私も退職する数年前にその一人として専門員となった。行動観察の前に研修が1回もたれたが、いくつかの教具や遊具が紹介され、専門員はチーム（2～3人）でそれらを使って子どもと接する者とその様子を記録する者に分かれて対応し、最終的に「集団行動が可能な子は普通学級適」「小集団なら支援学級適」「個別対応が必要な子は支援学校適」という基準で所見を出すと説明を受けた。場所は区の教育相談室のプレイルーム、時間は40分程度で、その間、保護者は区の担当者と面談をしている。障害のある子が、初めての場所で親と離され初めて会う大人に「こんにちは、お名前は？」「何が好きかな？」と聞かれてすぐに反応できるのだろうか？　私は所見として、「保護者が普通学級を希望しているのならば、支援の工夫をして普通学級で学べる」と主張したが、所見を出すのに保護者の希望は関係ないと言われた。専門員とは名ばかりで、経験も様々で機械的に割り振られた教員が、たった1回の研修を受けて所見を出しているのだ。心理士たちはどのように対応しているかは知らないが、たとえ心理士たちが専門家であったとしても、1回のわずかな時間の行動観察や何らかのテストで、どれだけその子のことがわかるのだろうか。

専門委員は就学支援委員会にも参加する。件数が多く全体で検討することができずブロックごとに行われ、進め方はとても機械的で、とにかく午後の限られた時間内に「こなしていく」というイメージだった。専門員と心理士の所見が同じケースはスルーで、そのまま支援委員会の結果となり、支援委員会で検討されるのは専門員と心理士の所見結果が異なるケースだけだった。その子に会ったこともない医者や他の委員が質問をして、心理士が子どもの描いた絵を見せたり、専門員が行動観察の様子を伝えたりする。そこでも、保護者の意向はと質問しても、ここは委員の意見をもとに所見を出す場だと言われ、保護者の意向は考慮されず報告もされないまま結果が出され、「それでは、次」という具合に進んでいった。

この所見が、後日、区の就学相談担当者から保護者に伝えられる。「判定」という言葉がいつのころから「所見」と言われるようになっていた。「所見」なのであくまでも参考意見ということだと説明を受けたが、「判定」の意味で保護者には下されるのだ。保護者の意向と支援委員会の結果が異なった場合、「それまで、やさしかった担当者が、手のひらを返すように高圧的な態度になり、まるで非国民のような扱いを受けた」「私たちはプロです。毎年、多くの子を見ています。結果に責任がありますと言われた」という訴えを受けたこともある。支援学校適と言われた子が支援学級を希望すると、支援学級への体験入学をさせられる。そこでの3日間は、できないことを認めさせる体験で、区の判定に従わせるためのものだったと経験者は話している。

世田谷区では長年の運動の積み重ねで「就学先は最終的には保護者の意向を尊重する」ことになっている。しかし、意向は簡単には尊重されていないのが現実だ。

就学支援委員会は就学指導委員会から名前が変わっても、就学のための支援を検討する場ではなく、医学モデルの基準で子どもを判定し、それを保護者に下し、従わせようとする、就学判定指導委員会である。その判定のもととなる専門家の意見は、何をもって専門家と言えるのかという人もいる中で、2回のわずかな時間の行動観察によって出されているのである。

以上、一地域の個人的な経験を記述したが、関西のインクルーシブ教育の先進的な地域以外は、おおむねこのように行われていると思う。こんなことで、子どもの生きる場が決められてはならない。「学籍一元化」を実施し、就学拒否の禁止を制度化するための運動を、今は亡き大谷さんとともに進めていく思いを強くしている。

三、制度改革の転換への提言

1．「共に学ぶ」教育を支えた反差別運動

共に学ぶ運動は当初、制度をいくら変えても人々の内心に残る差別意識を変えなければ実態は変わらない、それは差別されたものの痛みを共有することから始めるしかないということが、学校教育の現場で障害者に対する差別意識を問う運動としても展開されてきた。

1970年代以降は、法制度が原則分離別学であっても、本人・保護者の強い意志と強い運動団体の支援があれば、例外的に地域の学校に就学できていた。これらは各地域で、闘う運動があれば実現したことである。本人・保護者の強い意思、教職員組合や障害者団体、これらがなければ、制度的には分離別学なのだから、就学時健診で最終的に、それよりも前の乳幼児の健診で療育段階から分離され、特別支援学校・学級へのコースにのせられている。

1980年代後半ごろから、この運動を支えていた障害者団体や反差別の日本の運動の旗手だった部落解放同盟が弱体化した。この当時の障害者団体や解放同盟の反差別闘争は、とても根

源的に、人々の内心に巣くう差別意識を問う闘いとして展開されていた。特に、学校教育における教師たちの差別発言は生徒らに特段の影響を与えるものとして、糾弾の対象となった。たとえば、1952年、中学教諭による「これからはエタの人たちとも仲良くしなければならない」との発言はクラスにいる被差別部落の子に無配慮で内心に差別意識があると糾弾の対象となった。1871（明治4）年エタヒニン呼称廃止令（解放令）が発令されてからも、決して部落差別はなくならなかった現実に、人々に残る差別意識を問う取り組みであった。これによって多くの人が根源的差別に気づかされ、地域全体が変わっていった。それは被差別部落だけの問題ではなく、障害児や外国籍の子どもたちを含んだ差別のない教室づくりとして展開した。

2. 運動の弱体化と人権救済機関の不存在

これが残念ながら、学校教育における反差別に対する取り組みを大きく二分することになった。糾弾闘争は刑事事件になり、70年代、80年代には大阪地裁・高裁で平等を実効あらしめる一種の自救行為として認められる余地があるとして結論は有罪無罪分かれたものの、一定程度の理解が示されたが、これはその後否定されていった。*16

政府は、1987年には、差別事件は糾弾によらず、法務省人権擁護局によるべきであるとの見解を発表した。また同和対策事業の終了に当たって、それに代わるものとして、1996年人権擁護推進法・人権教育推進法が制定された。これらの法がまったく無力だというわけではない

＊編注16　大谷恭子『共生社会のリーガルベース』現代書館、199ページ参照。

が、この時必要だったものは、速やかな人権救済を実現できる政府から独立した人権救済機関であった。また国内で救済できない場合には、それぞれの人権条約に用意されている個人通報制度に係る選択議定書を批准するべきであった。この時期、解放同盟をはじめとして多くの運動団体は、政府から独立した人権救済機関の設置と選択議定書の批准が要望したが、実現しなかった。国際社会からも勧告されているが、未だに政府から独立した人権救済機関を設置していないし、個人通報制度も批准していない。

この過程で、教育現場で障害児教育を支えるべき教師たちの組合が分裂した。障害児には特別支援で発達を保障するべきであるという派（発達保障派）と、共に学び共に育つ中で成長するべきであるという派（共生共育派）である。

これでは、いくら国際的にインクルーシブ教育が主流だとしても、障害児とその親の希望だけでは、例外的に地域の学校に就学することも難しくなってきた。またそもそも運動の力で就学できても、その後の教育現場にこれを理解し推進する教師がいなければ、結局は、障害児はクラスで孤立し、お前の居場所はここではないと圧力を受け続けることも許してしまう。このことは特別教育推進派の人たちから、運動の力で地域の学校に就学させることをダンピング（支援なく投げ入れること）だと批判された。

3．制度改革への提言――学籍を地域の学校に一元化すること

私は全国の運動や相談に関わりながら、こんなふうにいくら運動の力で、例外的に地域の学校に就学することができても、原則――制度を変えなければならないと強く思うようになった。実は、反差別として障害児の地域の学校への就学に取り組んでいる教師や地域の実践家は、交渉や実力闘争で就学を実現してきたので、制度改革に対しては消極的だった。

康治君の自主登校裁判で、憲法論を裁判で主張することにも、支援している運動団体の一部からストップがかかった。憲法は障害者を守ってくれない、[*17]能力による教育で障害者ははじかれている、このまま最高裁で合法だと言われたらどうするのだとの申し入れだった。ちょうどその年の障害者団体の全国集会が大阪で行われた。私は彼らを説得するために大阪集会で講演の機会を得た。とっても緊張した。やじと怒号がくるのではないかと。それくらい、運動団体は法に護られることを信じていなかったし、実力闘争でしか要求は実現されないと思っていた。私はすでに発表されていた世界行動計画、能力は個性と読み替えるべきだ、Separate but equal（分離すれども平等）はすでに1954年にアメリカ連邦裁判所において否定されていることを紹介した。[*18]ようやくみんな納得してくれて、教育委員会への現場交渉と併せ、刑事事件の裁判闘争への支援を取りつけた。

そのくらい、憲法でさえ、守ることが「できない」のだから障害者の自由や権利や利益は制限されてもやむを得ないのではないかと、思われている時代だった。ただ唯一、私もみんなも確信を持てたことは、分離や排除は差別だということであった。それは憲法の平等権の問題だし、尊厳の問題であることは共有できた。それを教育――特に教育権が社会権であり、義務教

＊編注17　憲法26条1項は、「すべての国民は、法律の定めるところにより、その能力に応じて、ひとしく教育を受ける権利を有する。」と定めている。
＊編注18　ブラウン判決については、57ページの河邉優子コラム参照。

育が分離教育として制度保障されていることと、自由権としての教育の自由の内容と及ぶ範囲、保護者の教育選択権をどのように整合させるのかについて、これらの問題についてはまだまだ未整理であった。

このなかで、私は、1995年の東京での教職員組合の講演で、思い切って本格的に制度改革に取り組むよう要請した。学籍を地域の学校に一元化して原則統合に制度変革する運動を展開するべきだとの提起である。

学籍一元化とは、地域の子どもは全員市町村の地域の通常学校に学籍を持つ、学校保健法で義務づけられている就学時健診の通知に就学通知を一緒に出すという提案である。実際、すでにこのような取り組みをしている自治体もあった。その後、特別支援学校に行きたい子は、私立や国立校に行きたい子と同じ手続きで都道府県に学籍を移す、というものである。

教職員組合の集会だったので、その場の雰囲気はおおむね支持されたと思ったが、やはり運動現場からは抵抗が生まれた。でもこの頃だったか、たまたまアメリカで障害者の制度を学んできた熊本の東俊裕弁護士（後に制度改革推進会議の座長となった車いすの弁護士である）が集会に参加していた。初めて自己紹介しあったのだが、彼が集会後、日本の運動は権利闘争になっていないことが問題だと明確に言ってくれた。これに少しほっとしたことを覚えている。その後、仲間を募って、学校教育法の改正案を作ったりもしながら、講演のたびに、訴えた。

【コラム】保護者として、弁護士として、ブラウン判決に勇気づけられて

河邉優子
（弁護士）

私が「ブラウン判決」について深く興味を持つきっかけを作ってくださったのも、大谷恭子先生でした。大谷先生がある講演会で「ブラウン判決」について熱く語っておられるのを聞き、私が当事者（親）として感じていた悲しみに、初めて説明がつけられたような、あの悲しみはこれだったんだ！　と息を飲むような、そんな気持ちになったのを今でもよく覚えています。

私が弁護士になってまもない頃に出産した子どもは、医療的ケアの必要な障害のある子どもでした。出産するまで障害があることはわからなかったので、私は産休期間明けに職場復帰するつもりで、出産前に保育園を申込み、第1希望の公立認可保育園に入園できることが決まっていました。しかし、子どもが産まれてみると、医療的ケアが必要な状態であることがわかり、そのことを自治体の保育園窓口に伝えると、医療的ケアのある子は受け入れられないと言われました。結局、一度も保育園に登園できることのないまま、自治体から保育解除（退園）通知が送られてきてしまいました。

私の人生で最も辛い時でした。「医療的ケアが必要」という一事をもって、何らの具体的検討もないまま、当然のように「受け入れられない」と言われるこの社会に生きて、この子は幸せになれる

のだろうか、と何度もグルグル考え、自分が何をしてしまうか不安で仕方なく、毎日のように訪問看護やリハビリなどの予定を詰め込んで、一日一日をしのぐ日々でした。

結果的に、わが子はその後、医療的ケアが不要となったので、保育園に通うことができるようになり、私も職場に復帰しました。しかし、医療的ケアが必要であった時期に、当然のように保育解除（退園）通知が送られてきたときのことは、ずっと心にひっかかったままでした。障害のある子どもを地域の保育園、幼稚園や学校に入れようとする取り組みに対しては、「障害がある（重い）のだから仕方ない」「親のエゴだ」などというコメントが寄せられ、それらを目にするたびに、言葉にできない悔しさを感じていました。

そのような中、ある講演会で、大谷先生のお話をお聞きする機会がありました。そこで、大谷先生は、かなりの時間を使って、「ブラウン判決」の解説をしておられました。

「ブラウン判決」とは、アメリカ合衆国連邦最高裁判所が１９５４年に出した判決で、黒人差別に関するとても有名な判決です。この当時のアメリカでは、黒人と白人は「分離すれども平等」とされる隔離政策がまかり通っていました。黒人は、白人とは分けられた学校に通い、医療機関も、レストランも、電車の車両さえも、白人とは分けられていましたが、それでも、黒人用の施設に通えれば平等だとされていました。この状況を変えるため、黒人の少女とその保護者が訴えた裁判で、連邦最高裁判所は、次のように判示し、分離別学が憲法違反であると判断しました。

黒人の生徒をその人種のみに基づいて他の生徒から分離することは、彼らに劣等感を植えつけ、取り返しの付かない形でその心に影響を与える可能性がある。

分離が学習意欲を低下させ、黒人の生徒に悪影響を与えることは、すでに十分に裏づけされている（『別冊ジュリスト』213号『アメリカ法判例百選』81頁より）。

もちろん、この判決は、黒人差別に対する判決であって、障害者差別の問題そのものを扱った判決ではありません。しかし、分離が「劣等感を植えつけ、取り返しのつかない形でその心に影響を与える可能性がある」ことは、障害者であっても異なりません。分離は、人権侵害に他ならないのです。だからこそ、障害者権利条約でも、一般的意見でも、2022年に出された総括所見でも、繰り返し、インクルーシブ教育の必要性が強調されてきました。

このブラウン判決の内容は、私にとって衝撃的でした。私や、他の当事者（親）たちが感じてきた、言葉にできない悲しさや悔しさは、このことだったのだ、と氷解する思いでした。それと同時に、アメリカでは50年以上前にこのような判示がされているにもかかわらず、日本では、保護者が分離に反対すれば「親のエゴ」「親が障害を受容できていない」と言われる現実とが対照的すぎることにも驚きました。

今も、毎年、たくさんの当事者とその保護者が、教育委員会による無理解な対応に悲しみ、苦しみ続けています。障害のない子どもであれば当然に認められるはずの権利を認められず、または条件をつけられ、一人前の子どもとして扱ってもらえない経験をしています。そのことにより、当事者とその保護者の心には、劣等感が植えつけられ、取り返しのつかない形でその心に影響を与え続けています。幼少期に、「障害があるから」という理由で、障害のない子どもとは異なる扱いを受けた子どもとその保護者は、その後も、自分は障害があるから、他の子どもたちと同じような権利を主張することはできなくても仕方がないのだ、という意識を持ちやすくなり、まさに、取り返しのつかない形でその影響を受けてしまいます。

もし、今、周囲の無理解に苦しんでいる当事者や保護者がいらしたら、あなたの思いは決して「親のエゴ」だとか、「障害受容」の問題だとかという問題などではないと、はっきり伝えたい。なぜならば、「分離」は「差別」であって、分けられた人の心を傷つける、人権侵害だからです。だから、当事者は闘うし、保護者も闘うのです。

大谷先生は、この重要な事実に気づかせてくれるとともに、たくさんの勇気と力を与え、いつも、共に闘ってくださいました。大谷先生から勇気をいただいた私もまた、精一杯大谷先生の真似をして、歩んでいきたいと思っています。

四、インクルーシブ教育における合理的配慮

1．合理的配慮とは

学校教育制度を障害者を受け入れたものに改変したとしても一人ひとりの障害児が実際に地域の小学校・中学校に就学するためには、一人ひとりに合った個別の配慮が必要である。これを条約は、権利を実現するために社会が担うべき合理的配慮であると規定し、これが否定されることは差別であるとしているのである。[*19]

「障害にもとづく差別」は、障害による区別や排除、制限されることによって、基本的な人権が保障されず、平等が確保されていないことをいう。これは不利益を与えることを目的としていなくても、結果として不利益になれば、差別である。たとえば、障害を理由に、ある特定のクラスに入れられてしまうことは、区別することによって、たとえその子のためと思っても、多数の人間と違った人間なのだとの意識を植えつけ、結果として不利益を与えることになる。これは、障害を理由に、教室から取り出してしまうことも[*20]、障害を理由に、プールなどの特定の活動に参加させないことも同じである。

＊編注 19　条約を批准するために 2013 年に制定された障害者差別解消法においても、合理的配慮（社会的障壁を除去するために必要かつ合理的な配慮）が規定された（7 条 2 項・8 条 2 項）。

＊編注 20　教育現場では，通常学級から子どもを出して別室や特別支援学級で個別支援等を行うことを「取り出す」ということが多い。

地域の学校は障害のない子を中心に設計運用されていることが多いのであるから、地域の学校への就学にあたっては、それぞれに合理的配慮を提供するべきである。この教育における合理的配慮の具体的な内容は、それぞれ個別ではあるが、おおよそ以下のものを挙げることができる。

授業等に関していえば、たとえば手話等の障害特性に適応した情報手段を用いた授業、点字教科書等の障害特性に応じて利用可能な形態の教科書、教材の提供、介助等を含む必要な人員の配置であり、入学試験・定期試験に関して言えば、特に高校・大学等の選抜主義をとるところでは、当然のことながら、試験の方法等が障害の特性に配慮されていなければならない。点字試験、試験時間の延長等、適正に学力が判断されるような配慮がなされなければならないのは当然であるが、加えて学力評価においてもそもそも学力とは何かを見直すことも含め、配慮されるべきである。

たとえば、視覚障害のある子どもに点字の教科書を用意し、あるいは支援員のサポートを得てプールに参加できるようにすることが求められているのである。要するに、特定のクラスに入れたり、教室から取り出さずにすむよう配慮する義務が社会の側にあるということであり、具体的に学校、教育委員会、もしくは行政の責務であるということなのである。

この各人に対する合理的配慮をすることをどのように制度的に保障していくかが検討されなければならない。

2.「支援」と「合理的配慮」の違い

さらに条約は、有効な教育を保障するための必要な支援を提供する（第24条2項(d)項）としている。そして、この必要な支援は一般的教育制度内で保障されるとなっている。

しかし、合理的配慮について言えば、最近何か誤解されているように感じることがある。もっとも顕著なことは支援と同義で使われることである。支援は言葉の広い意味では合理的配慮を含むが、権利条約において合理的配慮とネーミングされたものは、障害を社会があるがままに受け入れ、そのことによる障害者が受ける不利益を社会のほうが調整変更して障害者の不利益を解消しようとするものである。したがってまずは障害者が健常者を中心にした社会に現に存在すること、すなわちインクルーシブされていることを前提にしたものである。しかし支援とは、そのことを必ずしも前提にするものではない。

日教組の全国教研で発表された教育実践を例にするならば、音に敏感な子が校内放送に拒絶反応をした時、まずは校内放送のスイッチをそのクラスでは切る。これは音に敏感であるという障害に対し、クラスに校内放送が届かないように変更したという意味で合理的配慮である。しかしこの実践はそこにとどまらずに、どうしたら自分たちも一緒に校内放送を楽しめるようになるかを、その子の障害特性を学び、話し合いながら、その子も自分たちも一緒に聞ける校内放送を模索していったことである。これはまさに調整による合理的配慮である。もし支援を提供しようということになるならば、たとえば音に敏感な子には聞こえないようにその子にだけヘッドフォンをつける、校内放送の時間だけ別教室を提供する、あるいは音に慣れるように特別な訓練をする、ということになろう。私はこのクラスの仲間がそのようには考えず、自分たちに何ができるかを考えたことが嬉しかったし、これこそが合理的配慮の提供を教育実践として実現していると思えた。特別支援学校・学級は支援を保障する学校・学級ではあるが、合理的配慮が準備された学校である、ということではない。配慮を要求するならば特別支援学校で、ということはまったく本末転倒なのである。

3. 合理的配慮の提供義務

さらに教育委員会と学校は、障害のある子の就学に際し合理的配慮の提供義務を負わされている。たとえば、車椅子を使う子であればスロープを、また点字教科書、手話等のコミュニケーションに関わることも合理的配慮として提供されなければならない。

要するに、就学を予定している本人・保護者は地域の小中学校に対し、自らの学習権保障に必要な合理的配慮を要求しうるのであり[*21]、この合理的配慮が提供されないことはそれ自体でまた差別である。たとえば、事前に地域の小中学校に対しその子にとっての合理的配慮を要求しうるのである。そして合理的配慮は、その義務者にとって過度な負担になる時はその義務は免れるが、しかし小中学校の義務教育においては、そもそも障害がある子もない子もすべての子どもに就学が保障されていなければならないのであり、少なくとも義務教育段階の就学において、過度の負担を理由に合理的配慮が免除さ

＊編注 21　文部科学省「障害のある子供の教育支援の手引――子供たち一人一人の教育的ニーズを踏まえた学びの充実に向けて――」28 頁等。
「実際の意見聴取･意向確認に当たっては,就学を希望する学校や学びの場における基礎的環境整備の状況,提供可能な教育上の合理的配慮を含む必要な支援の内容等についても明確にしながら,建設的対話に努めることが重要である。」
https://www.mext.go.jp/a_menu/shotou/tokubetu/material/1340250_00001.htm

れることはない。[*22]

以上の合理的配慮の内容から、本人・保護者が地域の学校への就学を希望している時に、教育委員会がその意向に反して特別支援学校を措置するのは、小中学校において本人・保護者が求める合理的配慮を尽くしてもなお、本人に対し学習権を保障したことにならないということを、教育委員会が証明しえたときに限るということである。このような事態はおおよそ想定しえないのではなかろうか。

4．本人・保護者の意向と合理的配慮に関する裁判例

総合的判断においても、本人・保護者の意向が最大限尊重されることが原則とされたのであるから、教育機関は、本人・保護者が求めているにもかかわらず普通学校への就学、幼稚園・保育園への入園を拒否する場合は、そこでの教育が不可能もしくは著しく困難であることを証明する必要がある。しかもその場合には、本人・保護者が求めている合理的配慮をつくす義務が教育機関にあるのであるから、この義務をつくしてもなおそこでの教育が不可能もしくは著しく困難であることが主張立証されなければならないことになる。

これに関しては、すでに以下の判決例がある。

①徳島県藍住町立幼稚園入園拒否事件（徳島地方裁判所２００５年６月７日判決・判例自治２７０号）

②東京都東大和市立保育園入園拒否事件（東京地方裁判所２００６年１月25日判決・判例時報

＊編注22　障害者権利条約一般的意見４号でも述べられているとおりである「合理的配慮の提供の義務から逃れるために、均衡を失した過度の負担を主張すること」は「禁止されるべき」（パラグラフ18）。

1931号）

③奈良県下市町立中学校入学拒否事件（奈良地方裁判所2009年6月25日判決・判例自治328号）

いずれも仮の義務付け訴訟*23において就学・入園が認められたものである。

［参考］

以下、①徳島県藍住町立幼稚園の判旨から、特に公立教育機関における合理的配慮義務に関する判断例を紹介する。

○障害のあるAのα幼稚園への就園を仮に許可することを義務付けるのが相当であるとされた事例

徳島地裁 平成17（2005）年6月7日判決

事件番号 平成17年（行ク）第4号

事件名 仮の義務付け申立事件

結果 認容確定

出典 最高裁判所ホームページ

ア 幼稚園の入園許否の裁量権

幼稚園教育は、幼児を保育し、適当な環境を与えて、その心身の発達を助成することを目的とするものであり（学校教育法77条）、地方公共団体が設置する公立の幼稚園の入園は、幼稚園の設置者

＊編注23 義務付け訴訟とは、行政訴訟の一類型で、一定の行政処分を行政庁に義務付けることを求める訴訟のこと（行政事件訴訟法3条6項）。

と保護者との間で上記幼稚園教育を実施するための教育施設の利用関係を設定する行為である。幼稚園の入園に関する事項については、学校教育法等に規定がないことなどからすれば、幼稚園長又は教育委員会は、公立幼稚園への入園申請を許可するか否かについて裁量権を有するというべきである。

イ　裁量権の範囲

（ア）子どもには、一人の個人又は市民として、成長、発達し、自己の人格を完成するために必要な教育を受ける権利が憲法上保障されており、子どもに対する教育の制度や条件を整備することは国家の重要な責務であるというべきである（憲法26条等参照）。子どもにとって、幼児期は、その健康かつ安全な生活のために必要な習慣を身につけたり、自主的、自立的な精神を育んだり、集団生活を経験することによって社会生活をしていく上での素養を身につけたりするなどの重要な時期であり、幼稚園教育は、義務教育や普通教育ではないものの、幼児の心身の成長、発達のために重要な教育として位置づけられるべきものということができる。そうだとすれば、地方公共団体としては、幼児の保護者から公立幼稚園への入園の申請があった場合には、これを拒否する合理的な理由がない限り、同申請を許可すべきであり、合理的な理由がなく不許可としたような場合には、その裁量権を逸脱又は濫用したものとして、その不許可処分は違法になると解するのが相当である。

（イ）前記1に認定したとおり、本件不許可決定は、Aのα幼稚園への就園の申請である本件申請についで、Aに身体障害があり、これに対し、人的、物的に十分な配慮をすることができないことを理由としてされたものである。地方公共団体にとって幼稚園において障害を有する幼児を受け入れることは、施設面等の物的な配慮や、教職員等の負担の増大に対する人的な配慮が必要となり、そのためには財政的な措置等を要することなどが想定されることは明らかである。しかしながら、障害を有する幼児に対し、一定の人的、物的な配慮をすることは、社会全体の責務であり、公立幼稚園を設置する地方公共団体においてもこのような配慮をすることが期待されるものというべきである。心身に障害を有する幼児にとって、社会の一員として生活するために成長、発達していくためには、特に、幼少期から、障害の有無にかかわりなく他者とともに社会生活を送り、自主的、自立的な精神を育むことが重要であると考えられるほか、身体に障害を有する幼児にとっては、その障害を克服する意欲を持続するためにも、他者との社会生活が重要となる場合もあると考えられる。そうだとすれば、心身に障害を有する幼児の公立幼稚園への就園の申請に対する許否の決定をするに当たっては、当該幼児に障害があり、就園を困難とする事情があるということから、直ちに就園を不許可とすることは許されず、当該幼児の心身の状況、その就園を困難とする事情の程度等の個別の事情を考慮して、その困難を克服する手段がないかどうかについて十分に検討を加えた上で、当該幼児の就園を許可するのが真に困難であるか否かについて、慎重に検討した上で柔軟に判断する必要があるというべきであり、そのような観点からみて不許可処分に合理的な理由がないとみられる場合には、当該不許可処分は、裁量権を逸脱又は濫用したものとして違法となると解すべきである。

ウ　裁量権の逸脱又は濫用の有無

（中略）

しかしながら、以上に述べたAをα幼稚園に就園させるに当たっての問題点は、Aの移動等の介助、安全の確保等をするため、教職員の加配措置[*24]を採ることができれば克服することが可能であるということができる。この点について、本件不許可決定は、Aの障害に対応するための教職員の加配措置をとることが困難であることを理由の一つに挙げており、被申立人も、財政上の理由等を根拠に加配措置を採ることは困難であると主張する。

（ウ）そこで、Aのα幼稚園への就園を可能とするために教職員の加配措置を採ることができないとの上記判断が合理的なものであるか否かについて検討する。

a　前記1の認定事実によれば、被申立人は、平成13年ごろから、財政的に逼迫した状況に陥り、平成17年度においても、平成16年度と比較して、約4億6000万円の予算を縮減し、職員数や職員の報酬の削減をするなど、行財政改革に取り組んでいるほか、歳入不足を補うため、教育関係の積立金を約3億2600万円取り崩して、他の行政施策のために運用せざるを得ない財政状況であり、教職員等の加配には相当程度の費用を要することからすれば、教職員の加配措置を採ることが容易であるということはできない。

しかしながら、①地方公共団体がその財政状況の悪化等を理由として、心身に障害を有する幼児について公立幼稚園への就園を不許可にすることができるとすれば、多くの地方公共団体の財政状況が悪化している現状において、およそ障害を有する幼児のすべてが公立幼稚園へ就園することができないことになりかねない。幼児にとっての幼稚園教育の重要性や、行政機関において

＊編注24　「加配」とは，規定より多く人員配置すること。

障害を有する幼児に対してできる限りの配慮をすることが期待されていることなどにかんがみれば、地方公共団体が、財政上の理由により、安易に障害を有する幼児の就園を不許可にすることは許されないというべきである。②教職員の加配に要する費用については被申立人の予算全体からみれば多額とはいえないことからすれば、Aのために教職員の加配をすることにより被申立人の財政状況を著しく悪化させるものとは考え難い上、前記1の認定事実によれば、町立幼稚園においては、別紙1加配状況一覧表のとおり、心身に障害を有する幼児のために教職員の加配をしているのであるから、被申立人の財政上の理由だけから、他の園児と異なり、Aについては加配措置を採ることが不可能であるとは直ちに認め難い。③γ幼稚園においては、◯の障害を有する園児1人に対して教職員1人の加配がされていることなどからすれば（別紙1加配状況一覧表）、A1人のために教職員の加配措置を採ることについて、被申立人の財政上の理由から不適切であると評価されるものとは考え難い。④前記1の認定事実によれば、被申立人の町内には、障害を有していて幼稚園に就園していない幼児がAを含めて5人いることから、被申立人は、A1人のために教職員の加配措置を採ると、他の4人の幼児にも同様の対応策を採らなければならなくなる可能性があり、そのようなことは被申立人の財政上到底不可能であると主張する。しかしながら、A以外の4人の幼児が町立幼稚園への就園を希望しているか否かも、Aと他の4人の幼児とで就園の諸条件に係る事情が類似するものであるか否かも明らかではないのであるから、Aについて教職員の加配措置を採ったとしても、他の4人の幼児にも同様の措置を採る必要があるということはできない。被申立人の上記主張は、Aについて上記措置を採らない理由となるものとはいえない。⑤町教育委員会の会議録（甲11）をみても、町教育委員会等において、本件申請についての許否の判断をするに当たり、A1人のために加配教職員1人を配置する措置を採ることについて、被申立人の全体的な財政や教育関連予算等に与える影響等を具体的に検討した形跡はなく、上記対応策を実施することが不可能であるとの判断をするに当たり、上記のような財政上の観点を重視していたかは疑わしい。

これらの事情からすれば、被申立人の財政上の理由を、Aについて教職員の加配措置を採らないとする決定的な理由とすることはできないというべきである。

d　以上に説示したところによれば、被申立人等において、その財政上の理由、採用手続上の理由等から、Aのために教職員を加配する措置を採ることが不可能ないし著しく困難であるということはできず、○[*25]についても申立人がすることが可能であるから、加配する教職員が医療資格を有する者に限定されるということもできない。Aのα幼稚園への就園を可能とするために教職員の加配措置を採ることができないとの判断は合理性を欠くというべきである。

5．就学先決定および合理的配慮の調整機関

就学先について保護者と教育委員会の見解が異なった場合、あるいは個別の合理的配慮の内容に調整が必要な場合はどのようにしたらよいのだろうか。わが国は人権擁護法[*26]がま

＊編注25　最高裁で掲載されている判決全文でも「○」と記載されている。吸引などの医療行為が記載されている箇所について明らかにすることで、障害や申立人の特定につながることからの対応と推察される。

＊編注26　2002年に国会に提出された人権擁護法案のことであると考えられる。人権侵害からの救済や予防などの措置を行う独立委員会の設置等を中核とする。

だなく、人権侵害に速やかに対処しうる政府から独立した委員会も存在しない。就学先決定という本人の学習権に関わり、また合理的配慮の内容もまた差別になるかどうかの判断を迫られる事項でありながら、これを調整する機関がないのである。

先述したように人権擁護法が成立していないなら差別解消法にせめて調整機関を設けるべきであったが、その規定は設けられていない。各地域の努力によってそれに代わりうるものが、障害者差別解消支援地域協議会であるが、これは都道府県に設置が義務づけられているものではない。既存の機関を利用するべきであるとされたが、教育はその機関が存在しないのである。

これについて、2012（平成24）年7月に公表された中央教育審議会初等中等教育分科会報告「共生社会の形成に向けたインクルーシブ教育システム構築のための特別支援教育の推進」の文書において、調整機関として都道府県の教育委員会（就学支援委員会）が提案されている。しかし市町村教育委員会の見解に対し、都道府県教育委員会が調整するというのは、そもそも市町村教育委員会が特別支援学校に就学させるべきであると認定した場合は都道府県に学齢簿は送付[*27]されるのであるから、都道府県教育委員会も一連の手続きの当事者である。あまりにも身内であり、まったく第三者性がない。これでは現在も教育委員会の結論が説得という形で強制されてきているが、調整と言いながら教育委員会があげて説得するということとたいして変わりはない。

＊編注27　小学校の入学手続きを進めるにあたり、まずは市区町村教育委員会において、住民基本台帳を基に学齢簿が作成される（学校教育法施行令1条1項・2項）。そして、この学齢簿に基づいて就学通知が発出されることになるが、特別支援学校は都道府県教育委員会の管轄であるため、市町村教育委員会において特別支援学校への就学が適当であると判断された児童の学齢簿は都道府県教育委員会に送られ、都道府県教育委員会から就学通知が発出されることになる（同施行令11条1項・2項）。

6. 合理的配慮の実践例

以下では、制度改革のころ、2010年8月30日付で障害者権利条約批准・インクルーシブ教育推進ネットワークが作成した「インクルーシブ教育と合理的配慮」の中から、「3、普通学級で学んだ経験者からの、合理的配慮に関する要望」を抜粋する。要望として挙げられている事例には、合理的配慮ができている素晴らしい実践もあれば、うまくいかなかった事例、年によって教員によって様々な状況だった事例などがあり、総じて、失敗も含めて、合理的配慮の実践を学ぶに適切な事例である（編者）。

なお、事例5は本人、それ以外は保護者が書いたものであり、文末のかっこ内に事例の時期がわかる学校や学年、障害名を記載している。

事例1

小学校では、学外活動は、歩く速さ・体力など、差が大きいのでやはり人的に加配があるといいと思いました。実際には、専門科目の教員があたってくれましたが、最初は親の待機が求められました。しかし、次からは「もうコツは分かった、親は要らない」と（「ひとりひとりが特別だから、障害児だからといって特別ではない。」と考える先生でした）。

中学では、級友や担任教師が、お互いを知るまでに時間を要する学年はじめ、時間割のこと、準備物の連絡など学校側の配慮が欲しかったです。担任が、班の級友に協力を要請するなどしてくれたら、教育活動にもなっただろうにと思いましたが、「普通学級に居るのだから特別扱いはしません、皆と同じです」という担任で、中3では不登校になり、不登校児童のための教室に通いました。

普通学級で9年間を過ごして実感するのは、まずは、障害を持った子がクラスに居ても当たり前という状態になることがなにより必要だと思います。同一学籍はインクルーシブ教育には必須だということです。そして教師の意識の変革が何より重要。「集団」を同一行動をとるものと考えるか、ひとりひとり違う個性が集まっていると考えるかで、大きく違います。教師・学校が、障害児がいることでかかえる困難を、障害のせいにしがちです。具体的に何に困っているのか？ と考えて欲しい。何があれば、どうあれば、その困難は解消・軽減されるか？ 合理的配慮とはそういうことだと思います。加配が必要な場面は確かにあると思うけれど、障害児に加配がつけばいいというものではないと思います。むしろ教師の意識変革を促すことを邪魔するでしょう。

（小学校～中学、ダウン症）

事例2

小学校入学時は、理解ある担任の先生で、さらに学校全体でフォローしてくださる体制でした。その他には週に1～2回、2時間程度ボランティアの学生さんや、教員ＯＢの方等がクラスにきてくれた時期もありました。

担任は「障害のことについて専門的な知識はないので、至らないことがあるかもしれません」と言われたが、自分の教え子の一人として、どんな専門家よりも子供のことを理解してくださいました。専門的知識より何より大事なのは、子供の心やその子の育ちを理解できる人間性、障害児だからと偏見の目で見ない人間性だと感じました。入学して初めのころは、「バカ」「幼稚園みたい」等、障害のあるわが子に対して、子供たちの差別的な発言やバカにしたような態度もありました。でも、担任の先生が褒めて認めてくださる中で、まずクラスの子供たちの態度が変わり、バカにするより応援してくれるお友達が増えました。それを見ていた、他のクラスや他学年の子供たちも、同じように温かい目でみてくれるようになり、地域でも親子で声をかけてくださったり、偏見の目におびえることなく、安心して外を歩けるようになりました。ただ、今は担任が替わり、できないことばかりを指摘され、クラスの友達にも溶け込めなくなり、子供も落ち着かなくなりました。「ここにいるべき子供ではないのに」、という先生の気持ちが伝わってきます。

普通学級で共に学ぶなかでの合理的配慮支援として、真っ先に思うのは、担任の先生、学校の先生方の意識改革だと思います。障害者イコール特別な人、専門家に任せたらいいではなく、すべての先生方に、障害児も一人の子供として、障害だけを見るのではなく、個性や性格その他、他の子供と同じようにみて、理解してもらいたいのです。担任には「クラスの一員として受け入れる」ということを認めてほしいし、他の先生方も学校全体で支援するということを理解、実行してほしいと思います。その上で、学校で人手を確保してもらいたいと思います。力のある先生ならともかく、一人で30～40人を見るのは大変だという現実はあると思います。専門的な知識や、専門家が必要というより、単純に人手があれば現場の先生の負担は少なくなるのではないか、と思うことが多いからです。専門家の養成に時間とお金をかけ、分ける教育を続けるのではなく、知的障害のある子も安心して普通学級で学べるようにしてほしい。新しい担任、新しい校長になるだけで、普通学級を追い出されそうに感じたり、不安定な状況をなんとかしてほしいです。

（小学1年～4年、知的障害）

事例3

入学時から担任一人に負担のかからぬよう管理職に伝え、その結果その時に出来る方法で学校は人を配置してくれた。1年次、学習支援員および特殊学級の補助の先生が入り、担任はあまり向き合わず任せてしまうことがあった。1・2年次に入った学習支援員は兄弟に重度の自閉症の方がいて、子どもに接する仕方が自然で、安心して任せられる人だった。3年のときの担任はとても素晴らしく、一緒にやっていくということのセンスのある人だった。3～5年のときは学生ボランティアが週に1回ぐらい入った。ただ、校外学習には付いていくことはではできず、その時は他の先生が付いて行った。この年、恒常的に学校で薬を飲まなければならなくなり、いろいろの交渉の末、管理職が半年薬を飲ませに4限目に通ってくれた。6年次、指導工夫改善担当の専科の先生が時々入った。

合理的配慮というときにいつも割り切れない思いがある。一緒に学ぶということを追求しようとしない先生のほうが多いということは事例研究もしないということだ。3年の担任のように一緒にやっていくための工夫を正面きってやってくれるならばいいが、殆どの場合期待できない。親としては本人が学習が分かる喜びを味わって欲しいが（自信がつく）、場を分けてもらいたくはない。学校と話してもそこから先話が進まない。

（小学校1年～6年、視覚障害知的障害てんかん）

事例4

小学校1年時は特別支援学校で過ごし、2年生から地域の普通学級で学びました。重い知的障害と身体障害をもち、車いす利用です。特にこちらから要望したわけではありませんが、転学にあたり市教委の判断で、昇降口と体育館へ渡る階段にスロープが設置され、保健室の一画に車いすに疲れたときの休憩とおむつ交換のための独立した畳スペースが設けられました。

階の移動は給食用のエレベーターを消毒液を使いながら使うため（これもこちらから要望したわけではない）、給食直前の4時限目は使用できない。この時間帯に排便した場合や、疲れて車いすをおりて休憩したい場合など1階の保健室への移動をどうするかが懸案事項。また、県教委から指導が入って使えなくなる場合を考え、現在、階段昇降機を検討中。

転学にあたり、「保護者の付き添い及び特別支援学級への通級等を条件にすることなく、担任の先生一人に負担がかからないように学校全体で支援する方法を整えてください」と市教委と学校につたえたところ、市教委の判断で、移動と給食介助、授業の補助のために補助教員（教員資格なし）が午前・午後各1名付くことになった。補助教員が休む場合は、養護教諭、校務員さん、事務職員などが補助や介助に入っていただいている。給食に関してはメニューは同じで、きざみ食にして食べさせていただいている。転学前の体験入学の際に、「きざみにして出すのは難しい」と学校・市教委は言っていたが、それでもお願いしたら可能となった。

排泄のコントロールができないため、プールの授業を断られた。特別支援学校にいたとき、あるいは市のプールでは入れたこと、そのときプール内での排便はなかったことを伝え、様子見で短時間でいいから入れさせてほしいと頼んだが今年は入れなかった。また、オムツをつけてプールに入っている全国の事例を調べてほしいとお願いしたが、調べてもらえなかった。

（知的障害、車いす利用、小学校1～2年）

事例5

私は幼稚園から高校、大学まで普通学校で学んでまいりました。障害は視覚障害で両眼とも全盲です。まず小学校での配慮は、市の教育委員会、学校と親で話し合い決まりました。小中学校の点字の教科書は地域のボランティアの方が作成し市が助成してくれました。[*28]高校では府がボランティアの方をコーディネートし、点字の教科書を作成していました。中学校、高校には点訳ソフトと点字プリンタをセットしてもらい、点字の印刷や簡単な教材の点訳は先生方が行っていました。また小学校から高校まで先生方も点字を学んでくださったので、ノートを点字で取り、テストも点字で受けることができました。その他にも板書では指示語を極力使わない、必要な場面では私の視覚障害のことを周りに説明し

＊編注28　平成20年に障害のある児童及び生徒のための教科用特定図書等の普及の促進等に関する法律（教科書バリアフリー法）が施行され、現在は教科書を作成しているほとんどの業者において点字版が用意されている。

＊編注29　「取り出し」の反対を「入り込み」といい，特別支援学級在籍児童などを普通学級から出させるのではなく，特別支援学級担任などが普通学級に入り込んで，児童の支援にあたることである。

たりといった配慮もありました。また数学、理科、技術家庭等、より細かいケアが必要な授業には、入り込み[*29]で先生が横についておりました。

学習面だけではなくクラブ活動や生徒会活動、社会見学の場面でも合理的配慮がありました。中学校時代はブラスバンド部に在籍しておりましたが、顧問の先生が点字で楽譜を作ってくださりました。

生徒会では点訳ソフトが学校にあり、先生が生徒会仲間に利用法を教え、資料を点字でいただいていました。

私自身ほんとうに普通学校で学んでくることができて良かったと思っております。それはたくさんのタイプの友人に囲まれ、喧嘩も含めていろんな経験をすることができたからです。また視覚障害を持つ友人や先輩とも、普通学校に通う視覚障害児を持つ親の会などで得ることができ、視覚障害が故の悩みを共有できる人間関係も作ることができました。入り込みの先生方は、お互いに刺激があり学びあえたし、私以外の他の生徒もサポートできるチームティーチングのようなものであったとおっしゃっていました。また、高校時代の友人は、環境さえ整えば私がいろいろできるということから、私に障害があるわけではなく、周りが障害を作るといっていました。

日本の特殊教育は確かに障害を持つ子どもたちを教える技術を蓄積していると思います。だからこそ、それを地域の学校で十分に活用して、共に学ぶ環境を作ることに傾注するときがきていると私は感じます。

（小学校～大学、全盲）

事例6

小学校入学時に校長、教務主任などと相談し、校長から教育委員会へ学校の設備改造と、人的支援をお願いしたとのことだが、設備改造（玄関のスロープ化、水道の蛇口の増設、トイレの改造）は行われたものの、人的配慮は得られなかった。これらの改造はもちろん役に立ったが、私たちが求めたのは人的支援であり、人的援助があれば、改造がなくても学校生活が充分安心して楽しいものとなった可能性がある。易骨折性のため骨折しないよう見守りが必要であるが、その人的配慮がなかったため校内で2回、合計3箇所を骨折し、手術、入退院を繰り返さなければならなかった。頭を打てば、死亡の可能性もあるので、教育委員会へも、その危険性を指摘し、人的配慮をお願いしたが、「制度も予算もないので、おっしゃることはわかりますが、何もできないんです」の一点ばりだった。人的援助がなかったため、休み時間は外に遊びに行くことができず、いつも一人で過ごすことになってしまったし、昼休みに週に1回でいいから2階の図書室に行かせてほしいと要望したが、その望みも叶えられなかった。

（小学校1～3年、車椅子利用、易骨折性）

事例7

入学時、校長と教育委員会施設課と学校を回りながら改造について相談。他に2人の車椅子利用児童がいたためか、要望を出したわけではないが、翌年にはエレベーターがついた。人的配置については、こちらから要望し、校長先生が教育委員会へお願いして、障害児補助員（教員資格の非常勤講師）がクラスに配置された。

５年の時、新設校設置による学区変更のため転校。外部からの転入者がいたため、生徒の把握が難しく、また、全国的に都市部での教員採用の困難が進む中、補助教員の採用がままならず、学校として５～６人の補助教員の申請を出しているにもかかわらず、４月当初は３人の採用しかできず、クラスへの配置は６月頃になった。ただし、新設校でエレベーターがあったので、友達が助けてくれて、困ることは少なかったようだ。６年時は５月に補助教員配属。２年間を通して、補助教員以外にも、色々な先生が補助してくれた。郊外学習では担任（男性）がおぶってくれるなど、役割分担を臨機応変に変えて対応してくださり、本当に感謝している。

建物は新築のため、最初からエレベーターが設置されており、障害者トイレなど各階にあり、玄関は全面バリアフリーになっていた。体育館も建物の続きにあり、プールも屋上にあったため、今までの屋外単独設置のものに比べ格段に移動しやすかった。将来老人ホームに転用することを考えて様々な工夫がされていた。

かなり恵まれた配慮の中で学校生活を送れたことに大変感謝しているが、最も必要な新学年の始業式の日の朝や４月の時期にサポートが薄いため、障害のある子どもたちは大きな不安を抱えることになっている。また、先生にわかってもらったと思ったところで学年がかわり、あるいは進学して、ゼロからのスタートとなることも少なくない。今の採用スタイルでは４月に補助教員などの採用がままならず、新学期は本人も担任も困るのは当然である。同じ学校でさえも、学年が変わるたびにサポートが切れてしまっている。前年度の学校生活を知るサポーターが新年度に引き続き関わるような仕組みが必要で、徐々に次の年へ引き継ぐことはできないものだろうか。また、もし同じ学校や同じ学区に通学しており、かつ、エレベーター設置校であれば、通年で補助教員を雇わなくても充分安心した学校生活が送れたと思う。

また小学校の低学年時は障害があるなしにかかわらず、40人学級ではかなり無理があり、子どもにも先生にも過剰な負担がかかっている。障害の有無にかかわらず、今のカリキュラムでは低学年では30人以下が望ましいし、せめて35人以下でないと、様々な授業で支障が出ている。逆に、1クラス30人以下、学年2クラス程度の規模の学校であり、学年に補助教員がいれば、特に障害児用の補助教員をつけなくても充分だったのではないかと思う。

学校設備については、車椅子の場合、小学校の間は人的介助でもなんとかなるかもしれないが、それ以上は、やはりエレベーターがないと車イスの生徒は苦労が伴う。最新の昇降機はかなり良くなったので、それを設置することも考えられるが、それでも人的補助が必要だし、授業に間に合わないことが考えられる。

（小学校1年～6年、車いす利用）

事例8

前年度の秋の学校公開日に学校見学会をして、その際、学校長に入学の意向を伝え、補助教員をお願いした。教育委員会へもお願いした。設備はエレベーターがあり、特別支援学級が併設されているため、障害者トイレも各フロアに複数あり、設備には全く問題がなかった。4月になって校長に詳細をお願いに行ったところ、同じクラスにダウン症の生徒がいて、クラスに一人の補助教員がつくとの説明を受けた。こちらの要望通り、主に体育、家庭科・技術、美術、郊外学習やイベント時のみ補助してくれて、他の時間は特別支援級の方へ補助にいっていたようである。3年時は体育と郊外学習やイベント時。他の時間は同じ学年の盲の方の介助を行っており、体育は一人の補助教員で2人を補助していた。1年から3年になるにつれ、だんだんと配慮が適切になって、必要な時だけ、きちんと補助があり、学校の配慮に満足した。

（中学1年～3年、車いす利用）

事例9

重い障害があり、医療的ケアも必要とします（経管栄養・低体温症・癲癇）。小・中（養護学級籍）・高校と普通学校ですごしてきました。小学生の時は担任・副担任2名でクラス運営でした。障害児籍で、普通学級で過ごしました。障害児学級は学校全体で3人で1クラス、または障害種別で1クラス設置され、教師が加配されていました。学年に数人障害児がおり、学年の先生が協力しながら時には管理職まで手伝って、クラス・学年全体で支えてくれました。付き添いを求められることなく先生とその都度相談しながら、どうすればできるかを基本に考えてくれ、子どもたちと一緒に工夫し過ごしてきました。林間・修学旅行では自分たちに任せてほしいと校長先生に直談判し、先生は見守りで子どもたちがすべてやってくれました。校内・校外活動において、階段などは先生が言わなくても子どもたちが車椅子を持ち上げ担いで移動、（中学生になっても当たり前にみんな手を貸してくれました）。登下校においても子どもたち又は先生がおくってくれるなどしました。体育・運動会などにおいても車椅子を使っての騎馬戦などしっかり工夫して参加。

授業は同じ教科書・教材・テストも同じものを受けてきました。副担が主に傍にいましたが、担任・周りの子ども達がノートを取ってくれたり聞いてくれたりしました。頷きで答えられるようになりました。医療的ケアについては生活ケアとして受け入れてくれていましたので在学中は特に気にしないで当たり前のこととしてきました。食事介助・経管栄養補給なども子どもたちが手伝うことも多々ありました。

中学は40人クラスで4学級、障害児も各クラス1〜2名いました。小・中学校間での引き継ぎがあり同じようにすごしてきました。娘のことは、友達が介助等も含め伝えてくれました。学年担任・教科担任・障害児担任がさまざまに工夫協力しみんなで関わってくれ、校外学習も特に問題なく参加、みんなと同じ様に過ごしクラブにも参加しました。テストも同じ教室で受け、代読・代筆・表情頷きで読み取ってもらいました。一桁ですが点の取れる教科もありました。

みんなが普通高校に進学するように自分もいけるものだと思い込んでいたようです。学校見学・願書提出に友達と行きました。一般受験では中学校で行っていたように配慮してもらいましたが、点の取れない娘には厳しく前期・後期とも落ちてしまい2次募集で定員割れの市立定時制高校に進学しました。

当初高校側は娘の様な重度障害児の受け入れは初めてで、市教委から「養護学級は無いので人がつけられない」と言ってきましたが、最初の1週間は私の方から事業所の協力を得て有償（私費）でつけました。その後介助員として登録してもらい、市教委からお金がでるようになりました。その間に介助の方法と普通に学んできたことなど伝えてもらいました。学校側も講師を探し2学期からは2名の講師（週2週3）が担当することになりました。4年間講師を務めたくれた先生たちがうまく生徒・先生方を巻き込みながらすすめてくれたので、大きなトラブルもなく卒業まで、親は最初の1週間は見学で入りましたが、その後は入っていません。修学旅行も講師の先生が同行で参加。講師の先生に任せることが多く、教師が介助することは小・中とちがってありませんでした。

授業方法などは高校側から中学に行き様子をきいたようで、今までと同じに、同一教材・同じテストを受けてきました。評価については校内で話し合い点数だけでなく、出席日数・授業態度・提出物なども含め評価されるようになりました。娘だけでなくほかの生徒にもそうなりました。教材も分けられることなく同じ空間、同じことを工夫してきました。このことは娘の自尊心を守ることに繋がった気がします。障害児のK子でなくK子として育ちました。置いてきぼりにされたり、叱られたり様々な経験が生きる力をつけ生きる術を学びました。親教師が教えて出来ることではありません。日々共に過ごすことでまだまだ先は色々ありますが、重い障害があっても夢を持ち生きること、人としての尊厳ある生き方ができる社会はそれぞれの子どもを受け止めることで始まるともいます。

（小学校～高校、知的障害、医療的ケアが必要）

五、教育現場は変化したか――医療的ケア児の就学裁判について

今までに示した、制度の不十分さが表面化したのが、医療的ケアを要する児童について、川崎市が地域の小学校への就学を拒否したことが争われた訴訟が川崎訴訟である。以下、この地裁判決のあやまちについて検討している（編者）。

1. 就学手続きから提訴へ

2018年3月末、川崎市の人工呼吸器を装着している医療的ケア児（K君）が、本人・保護者が地域の小学校への就学を求めているにもかかわらず特別支援学校に措置されてしまった。

実際、K君の就学先を決めるために夏には始まる就学相談の担当者は、最初の相談時の本人の様子を見て、所見*30に「最重度の障害」と記載し、これがそのまま就学支援委員会に資料として提供された。就学支援委員会の人たちは本人と会っていない。彼らは、本人を見もしないで、地域の学校への就学は無理であるとの結論を出した。就学相談の担当者も就学支援

＊編注30　就学手続きは、自治体ごとに手続きが異なるが、多くの自治体では、教育委員会の担当者による児童の行動観察や発達検査を踏まえた「所見」が書面にまとめられ、その書類が就学支援委員会で資料として提出され、その資料を踏まえて、就学支援員会の判断が出される。

委員会の専門家も最初から無理に決まっているとの思い込みで結論を出していたのである。
これについて4月早々に相談を受けた。両親は早期の解決を求めて裁判に望みを持っていた。権利条約批准後の就学の在り方をめぐって、初めての裁判ということになる。裁判に慎重な私でも、実は、当初裁判で救済できるかもしれないと、望みを持っていた。なぜならこのケースは、本人・保護者の意向がはっきりしていることに加え、
第1に、生まれた時から診ている主治医が地域の小学校就学を支持していること、
第2に、すでに幼稚園に就園していて、幼稚園も地域の学校への就学を支持していたこと、
第3に、県教委が、市教委の判断に対し、もっと保護者と話し合え、特に主治医の見解を求めていないことを問題視し、これを加えて判断するようにと、市教委に事実上差し戻しをしていたこと、
第4に、県教委は、市教委から再度支援学校に就学させるべきとの判断を受けて、支援学校を指定したが、この学校指定処分と合わせ、居住地交流校として保護者らが求めていた地域の学校を指定し、そこでの入学式の参加も認めていたこと、
実は、障害者制度改革（本書39頁、二の4）の際にも、市教委の判断に保護者が不服があった場合の救済方法について、日本は救済手段を持っていないのであるからどうするのだと問題になった。これに対し、文科省は県教委が仲介斡旋すると提案していた。ただし、私を含め委員からは同じ教育委員会間で、県と市の間で異なった見解を出すことは予想されていないし、指導も助言も難しいだろうと否定的意見が多く、この時こそまさに政府から独立した人権救済機関によって

救済されるべきだと意見が出されたところである。

　市教委は県教委からの指摘を受けて、3月末にギリギリになって、主治医の見解の提出を求めたが、それでも判断を変えることなく再度支援学校適と判断し、県教委に学齢簿を送付した。

　この経緯からすれば、難しいケースではあるが、まったく勝ち目がないわけではないと思った。

　ただし、私はやはり慎重にならざるをえなかった。そこでまずは、県教委交渉を持ち、さらに居住地交流校として指定されていた地域の学校での交流学習を直ちに始めることを交流校と交渉した。当初私の感触では、交流校は比較的柔軟に考えていたと思う。学籍を動かすことももとっても大事であるが、とりあえず、成長を待てない子どものために、今の学習権を交流学習という形でも進めてもらいたいと思った。これを交流校と県教委と交渉し、交流のための支援員の配置まですされたにもかかわらず、驚いたことに、交流も県教委交渉も急に打ち切りになった。まだ支援学校での個別計画ができてないのに交流を始めるのはけしからんという内容であった。とにかく支援学校に来い、というものであったが、本人は幼稚園で健常児と共に時間を過ごし、学芸会にも参加して友達みんなと一緒にいたのである。友だちのいない支援学校に行くのを嫌がる。結局、せっかく始めた週1回以上、1回1時限として行われていた交流学習も止められ、裁判しかないように追い込まれた。

　7月提訴となったが、県教委の代理人弁護士はまったくと言っていいほど、障害児教育に理解を示していない、何でこんな重度障害の子が地域の元気のいい子どもたちと混じって教育を受けることができると思っているのか、信じられない！　ということを露骨に表した。安心安全な教育が必要だ、呼吸器が外れたらどうする、危険であるという主張であった。早期の裁判上の和解もまったく期待できなかった。

2．提訴から一審判決へ——裁判官の内心にある差別意識

では裁判官たちはどう見ているのか？

裁判官たちがはたしてどこまで理解してくれているか、私は正直不安であった。ある時から少なくても右陪席はダメだと……。それはある時の私とそっくりであったから……。

実は、前述の康ちゃんは1999（平成11）年に30歳で亡くなった。中学からは通常中学で、その後高校にも行き、さらに卒業後は地域で自立生活をしていた。人生は学校教育を終えてからの方が長い。彼はあれだけの闘争の主人公らしく、見事に地域生活を実現していた。私はもう久しく康ちゃんに会っていなかった。

棺の中には大人の康ちゃんがいた。彼は、毎日ボランティア介護をやりくりし、次第にお酒におぼれたようだった。そのことを聞いた私が、何でお酒なんかに、とつぶやき、それを聞いた地方でインクルーシブ教育に取り組んでいる仲間が、障害者がお酒で死ねるなんて本望だよ、施設に入ったら酒も飲めないから、と言ったことでその不自由さを思い知らされた。そして何より葬儀の日に配られた彼の高校時代の友人たちへの手紙に胸を衝かれた。

「僕が机に突っ伏しているのは眠いからではありません。背中の筋肉が弱いからです。僕は毎日ハンカチを洗ってきています。よだれを垂らしていることを不潔だと思わないでください」

康ちゃんは車いすから私を見上げるようにしっかりと見つめる子だった。コミュニケーションは文字盤でゆっくり示してくれた。文字盤での会話はせっかちな私は当初戸惑ったが、ゆっくり待てば必ず彼は返してくれた。これにはすぐ慣れることができた。ただ、私は彼と一緒に食事することが苦手だった。よだれを垂らしながら食事する姿を正視できなかったのである。でもそのことに気がつかれないように、そっと目をそらしていたと思う。そのことに彼は気づいていたに違いないと、恥じ、慟哭した。私はこの事件に出会うまで障害者と共に過ごしたことはなかった。だからどんなに「共に！　分離は差別だ」と法的に主張しても、私の内心の戸惑いを消すことには時間を要した。だからこそ、生まれた時から早期に地域にいる仲間として出会う必要がある、それが当たり前にならなければ、いくら障害者に優しくとか思いやりと言っても内心の差別意識はなくならないと。私自身がそれを実証していると思っていた。

横浜地裁の裁判官たちは、毎回法廷に来るK君を見ていなかった。特に右陪席は、人工呼吸器とはどんなものかに興味を持ち、裁判官席で手に取って見て驚きの表情を示しながらも、それを装着しているK君を見なかった……準備手続きに入った打ち合わせ席に、K君の席が設けられていなかった――これは直ちにスペースを空けてもらったが、これらのちょっとしたことに私たちは裁判のゆくえに不安も希望も持つものであるが、やはり本人と目を合わさず人工呼吸器しか見なかったことに、康ちゃんの裁判の時に私が当初感じた不安を彼らも持っているのではないかと思わざるを得なかった。理屈ではなくて、ムリムリ！　と内心のどこかで決めつけてしまっている、これを乗り越えるには、やっぱり一緒に過ごす時間が必要で、そんな時間が裁判にはない、彼らがどこかで障害者にきちんと出会っていますように、と祈るしかない。

２０２０年３月、横浜地裁では敗訴したが、まことにひどい判決だった。彼らが一番重視したのは、専門家の意見（就学支援委員会）であった。本人の顔を見ていない、主治医の意見を聞かないままでただ病名と障害の状態の紙ベースの報告で、最重度の障害として特別支援学校適、と決めつけてしまったのである。まさに、医学モデルに基づいた排除である。できないことをあげつらい、できることさえ真摯に理解しようとせず、見た目で判断した差別判決である。制度改革で唯一、入った本人・保護者の意向尊重も、専門家判断を重視し無視された。そもそも、本人自身の意向尊重の規定はないとまで言い切っているのである。しかも、障害者権利条約は特別支援教育を否定していないから特別支援教育もインクルーシブ教育であるとか、合理的配慮に至っては完全に誤解していた。

3．転校することで実現された地域の学校への就学

私は、判決前に最後の手段として、もし負けたら、隣の世田谷区に直ちに引っ越そうと、ご両

親に提案した。川崎市の隣は東京都の世田谷区である。世田谷区では古くから共に学ぶ運動が盛んで、保護者の会は、毎年就学先指定には保護者の同意が必要であるとの合意を取りかわしていた。すでに提訴してから丸2年、これ以上待てないと、敗訴の場合の準備をしておいたほうがいいと説得した。

そこで、直ちに転居し、そして世田谷区では直ちに通常学校への転入が認められた。コロナ禍で制限はされていたが、通常学校での受け入れはスムーズに行われ、同級生たちにも受け入れられた。

世田谷区でできることがなぜ川崎でできないのだろうか。

私はこの敗訴判決をもって2022年8月、ジュネーブに行き、審査にのぞんだ。本人・保護者の意向が尊重されていないこと、通常学校への就学が裁判によっても認められなかったことを訴えた。人権救済機関も持たず、選択議定書も批准していない日本において、最後の救済機関は、各人権条約に規定されている委員会なのである。アイヌ民族を日本の少数民族として認めたこと、雇用機会均等法を真の「男女平等法」に改正させたこと等々、これらは人権規約委員会、女性差別撤廃委員会等の勧告――外圧があったからこそできたのである。だからこそ、2022年の審査にはジュネーブで、100人以上もの障害当事者が日本の実態を訴えたのだ。日本では、残念ながら、国際社会からの外圧をかけることでしか人権は守られてきていないのである。

六、川崎裁判の違法性

K君の横浜地裁判決は、そもそも保護者の意思表明、障害の状態等重要な事実についての事実認定からして誤り、行政措置の違法性を判断するのに、その措置によって奪われる権利の内容について何ら判断せず、その判断の枠組みについても重大な勘違いをし、学校教育法施行令の解釈については制度改革以前、否、旧来システムでさえこのような解釈は噴飯ものだったのではないかと思われるくらい、一から十まで誤認と勘違いと不勉強の塊である。ご両親が、この2年間、自分たちは何をしていたのだろうかと、根底的な裁判不信に陥ったのも、あまりにも当然である。

しかも当裁判所は、訴訟進行においては、私たち原告弁護団をしても胸がすくくらい、果敢に被告市教委に釈明を求めてきたのであるから、結論についても期待するなというのは無理がある展開だった。裁判所が疑問に思うことについて、被告市教委は何一つ十分に答えられなくても、それでもこんな判決しか書けないのかと、行政に対する司法の腰砕けぶりに憤然を通り越して、この国に生まれた不幸を呪いたくなるくらいの気持ちだった。

1．原判決の致命的欠陥――原告らの権利内容を吟味せずに判断していること

原判決は、真に読みにくい判決である。一読してことごとく原告らの主張を排斥していることは明らかだが、なぜこのような論理展開になるのかが不明であり、判決を読みなれているはずの弁護士でさえこれに戸惑わざるをえない。

判決は、本件就学通知の適法性について判断するのに、手続き上の適法要件と、実体上の適法要件とを分け、手続き上の適法要件については学校教育法施行令に規定する通知等の期限を定める諸手続き、実体上の適法要件については、学校教育法施行令5条（以下5条という）の要件に合致しているかどうかを判断し、これらをいずれも適法とし、すでに5条の裁量権の範囲だったと判断したうえで、加えて、さらに裁量権の逸脱濫用があるか否かについて判断を加えるとし、判断過程及び判断内容についても妥当であり、逸脱濫用はないとしている。そして、これについての判示は実に41頁から64頁の23頁に及び、原告らの主張をことごとく排斥した。

最後に、まことに蛇足的に、64頁から65頁にかけて、原告らの主張に対する検討として、就学通知は、①人権としてのインクルーシブ教育に反すること、②原告父母の意向を一方的に無視して保護者に十分な情報提供をしなかったこと、③原告に対する医療的ケア、移動の障壁に対する合理的配慮および安全な学校生活に対する合理的配慮の提供が検討されていない点が違法である旨主張しているとし、これにたったの数行ずつの判断を加えている。この判断の枠組みそのものが、まことに不合理である。

そもそも、これら判決が蛇足的に付記したことが原告らのメインの主張であり、これらの権利を有するがゆえに、5条の判断においても、その判断過程および判断内容においても、これら権利を踏まえたうえで解釈されなければならないと主張立証してきたものである。これは訴状においても、また準備書面においても、5条解釈の柱となるべきものとして主張してきたものであるが、判決は驚くべきことに、これらを判断せずに、まずは5条だけを取り出して、しかも独自な解釈をもって判断規範を定立し、これに当てはめて適法だとし、ここでは上記の「人権としてのインクルーシブ教育」「保護者の意向尊重」「合理的配慮の検討がされていないこと」の点にいっさい触れていないのである。

5条によって判断される内容が個人の権利利益に関する就学通知である以上、判断対象者がどのような権利を持っているかが認定され、かつ、それがどのような手続きで保障されなければならないのかについては、まずもって判断されなければならなかったはずである。にもかかわらず判決は、まずは5条の要件について形式的に判断し、最後に、5条判断が適法だから原告らの権利侵害はないとばかりに一刀両断に切り捨てているのである。権利の内容を吟味せずに適法か否かは判断できない。にもかかわらずなぜこのような論理展開となったのか。

しかも判決は、判断の冒頭41頁に、「本件就学通知は、小学校の特別支援学級籍を希望する原告らにとってその権利利益を侵害する処分であるから、その侵害を正当化する処分要件の充足を基礎付ける事実については、被告県において主張立証責任を負う」とし、本件就学通知がK君にとって権利利益を侵害する処分であると認めたうえで、立証責任も転換するとまで言っているのである。にもかかわらず、K君らの権利がどのようなものだったのかについては、その判断過程においてはまったく考慮していない。権利侵害についての当否の判断が求められる判決の通常の論理展開――判断過程に添うならば、まずはK君らの権利利益の内容が吟味されるはずである。それこそが、①人権としてのインクルーシブ教育であったし、②権利として合理的配慮を請求できること、また、③これらを支える保護者の教育選択権であり、この権利が実体的手続要件の判断過程で侵害されたかどうかが判断されるべきはずである。冒頭に、本件処分が原告K君らの権利利益を侵害すると判断しながら、その内容を吟味も確定もしなかったことは、不思議というしかないし、以降23頁にもわたる処分の適法要件吟味をまったく無意味のものとしている。

原判決の最大の誤りはこの点にある。

まずは前記3点が、5条判断をするにあたって前提として踏まえるべきものとして最初に判断されるべきであり、かつ5条の適法要件を吟味するのに不可欠な要素だったにもかかわらず、これらの権利利益の内容と切り離し、最後に判断の対象としたことである。これは、原判決の致命的な欠陥である。

2. 人権としてのインクルーシブ教育に反することについて

①インクルーシブ教育についての誤解

判決は「インクルーシブ教育は特別支援学校での教育を排除するものではないから、特別支援学校での教育は、インクルーシブ教育の理念に反するものとはいえず、原告のインクルーシブ教育を受ける利益を侵害するものであるとも言えない」とだけ判示した。

これはまったくあきれる内容である。しかもこれの根拠として判決が引用しているものは、文科省の主張する「障害のある児童生徒等に対する一貫した支援について」（文科省通知）と教育支援資料から、共生社会の形成に向けたインクルーシブ教育システム構築のための特別支援教育の推進（報告）概要によれば、「障害者権利条約24条は障害者が障害に基づいて教育制度一般（general education system）から排除されないことを定めているところ、権利条約24条の「教育制度一般」には、特別支援学校が含まれるとし、その後この解釈が変更されたことを認めるに足りる証拠はない」と言い切っているのである。

まず権利条約24条が規定する、general education systemは、「教育制度一般」と訳されるべきではなく、「一般的な教育制度」と訳されるべきである。これは、障害者権利条約の仮訳段階で、文科省が意図的に誤訳したとして障害者団体から多くの非難を浴び、最終的に公定訳としては、「一般的教育制度」と変更されている。判決はどこを見てその後変更されたことを認めるに足りる証拠はないなどと言ったのか、原告提示の障害者権利条約においてはそのような訳は使っていない。「教育制度一般」とすると、確かに特別支援学校を含む制度との解釈となるが、「一般的教育制度」とは、通常の教育制度、すなわち多くの子どもたちのための教育制度（メインストリーム）ということになり、特別支援学校は含まれない。したがって、「教育制度一般」なのか「一般的教育制度」なのかについては、インクルーシブ教育制度をどのように理解するかについては大きな違いがあることから、批准のための障害者制度改革の時点で仮訳は見直され、公定訳となった。にもかかわらず、こんなところで否定された仮訳が生きているとは驚きを禁じ得ない。

障害者権利条約は、インクルーシブ教育として詳細な規定を置いたものである。すなわち、第24条教育において、インクルージョンを尊厳、無差別に続く一般原則（3条）にあげ、重ねて、項において、教育ついての障害者の権利を宣言し、この権利を差別なく機会均等に保障するためにあらゆる段階の教育においてインクルーシブ教育制度を確保し、さらに2項(a)において一般的な教育制度から排除されないこと、(b)自己の生活する地域社会においてインクルーシブで質の高く無償の初等・中等教育を受けること、(c)個人が必要とする合理的配慮が提供されること、(d)必要な支援を一般的な教育制度の下で受けること、(e)完全なインクルージョンという目標に合致する効果的で個別化された支援措置がとられること、と規定している。

この詳細な規定から、まずはすべての障害のある子が一般的教育制度、多くの子が就学している地域の通常の学校制度から排除されることなく、小中学校、高校の初等・中等教育が保障され、その中で合理的配慮と必要な支援が受けられ、加えて、限定的な場面として、「学問的及び社会的な発達を最大にする環境において、完全なインクルージョンという目標に合致する効果的で個別化された支援措置」も認める、という構成になっている。要するに、原則としてすべて障害のある子は、一般的な教育制度である地域での小中学校での教育が保障され、特別支援学校への措置は、まさに、(e)項に規定された限定的な条件の下で「効果的で個別化された支援措置」として認められる、という構成をとっている。

これをまったく無視し、しかも否定された仮訳を根拠に、特別支援学校は「教育制度一般」に含まれるのだから、「特別支援学校の教育はインクルーシブ教育の理念に反するものとはいえず」とか、「インクルーシブ教育を受ける利益を侵害しているものであるともいえない」などと判断することは、最初に結論を決めたうえで屁理屈をこじつけたにすぎない。これだけで、この判決の水準の低さが露呈している。

② K君は小学校で障害のない子どもたちと共に学ぶことを求めていることの無視

判決の不思議なことは、特別支援学校はインクルーシブ教育の理念に反するものではないからインクルーシブ教育を受ける利益を侵害しているとは言えないなどと判示しながら、K君が、地域の小学校で同年齢の子どもたちとの教育を求めていることについては何ら触れていない。実は、特別支援学校がインクルーシブ教育の理念に反するかうんぬんが問題なのではなく、K君らが求めているのは、小学校で同年齢の子どもたちと学びたい、学ばせたいということである。この希望について、特別支援学校もインクルーシブ教育の理念に反していないなどということは何ら答えになっていない。そこには明らかに同世代の子どもたちはいないからである。

なぜ障害のある子が地域の学校から排除されるのか、これについての明快かつ合理的な理由が付されなければならない。判決はこれについては、5条判断として、市教委に裁量権があり、その裁量権の範囲で、障害の状態、専門家の意見を重視し、教育ニーズを障害の医療モデルで判断し、必要な教育支援は特別支援学校が適合的かつ整合的であるとし、地域の教育体制も整備されている状態ではないと認定し、その他の事情として安全も確保されないと、ことごとく原告らの希望を排斥した。ここでは、K君が同世代の子どもたちと共に学ぶ機会を奪われることの不利益についてはまったく考慮をしていないのである。

要は、判決は、障害のある子が障害のない子と共に学ぶことは人権として保障されなければならないということについては一顧だにしなかったのである。個々人の人権であることを認め、その人権を侵害する結果となる処分だからこそ、その裁量権の範囲が問題となるのであって、これを無視し、適法だから、かつ特別支援学校もインクルーシブの理念に違反していないから、などということはまったく答えになっていない。

前述の権利条約24条についての一般的意見において、インクルーシブ教育は個々人の基本的人権であることが明確にされている。

[参考] 障害者権利条約24条についての一般的意見4号

パラグラフ10（抜粋・要約）

(a) インクルーシブ教育は、すべての学習者の基本的人権である。

(b) インクルーシブ教育は、すべての生徒が自分らしくあり、障害のある生徒の固有の尊厳と自立を尊重し、効果的に社会に参加し、貢献できる存在であることを原則とする。

(c) インクルーシブ教育は、教育以外の人権を実現するための手段であること。

さらに、先述の一般的教育から排除されないという趣旨についても、以下のように明らかにした。

パラグラフ18（抜粋・要約）
・通常教育制度から障害のある生徒を排除することは禁止されなければならない。個人の能力の程度をインクルージョンの条件とすること、合理的配慮の提供の義務から免れるために過度の負担を主張することなど、機能障害またはその機能障害の程度に基づきインクルージョンを制限する何らかの法的または規制的条項による排除も含めて、禁止されるべきである。

以上の24条の一般的意見に則れば、K君の基本的人権であるインクルーシブ教育を受ける権利は、医療的ケアを必要としているとか、コミュニケーションが困難だとか（事実誤認であるが）の能力の程度によって奪われるものでもなく、看護師の配置が準備できないとか、合理的配慮の提供不能などという理由によって奪われてはいけないということである。これに則り、原告らは、5条判断においても、人権としてのインクルーシブ教育への権利があることを前提に判断されるべきであることを主張してきたにもかかわらず、判決は5条判断をするに際してこれを無視し、適法であるとしたうえで、特別支援学校の教育もインクルーシブ教育の理念に反するものではないから、インクルーシブ教育に反するものではないと、陳腐としか言いようのない理屈を展開している。

原告らが求めてきたのは、インクルーシブ教育システムではなく、地域の小学校で同世代の子と共に学ぶことである。特別支援学校をどう位置づけようと、そこには同世代の障害のない子がいないことは明らかである。なぜこのような言いかえをしてまで、たった一人のK君の同世代の子と共に学ぶ権利を否定しようとするのか、理解に苦しむと言わざるを得ない。

3. 本人・保護者の意向を無視したことについて

① 保護者の意向を無視したこと

これについての判断はまったくお粗末である。すなわち判決は、「原告父母の意向を尊重して市教委、県教委の三者間で原告の教育ニーズと必要な支援についての合意形成を図るための協議がされていることが認められるから、市教委や県教委が原告父母の意向を無視したとはいえない」としている。

保護者の意向尊重は、合意形成において問題になるものではない。まさに、就学先決定の判断に際し、最重要要素として考慮されなければならないものである。すなわち、5条判断に際し、5条が羅列する「障害の状態」や「必要とする支援」等の要素のうち、もっとも尊重されなければならないものということである。

判決は、就学先決定における保護者の意向尊重について、「就学先の指定は何よりも障害の状態に応じた教育ニーズに合致したものでなければならない」として、しかもその際には専門的知識を有する第三者的な客観性のある意見を聴くものとしているのであるから、「保護者の意見が不合理でない限り保護者の意見に添うべきである」との原告らの主張に対しては、そのような施行令解釈はできない、といとも簡単に排斥した。それでは、「可能な限り尊重する」ということを実体的手続きにおいてどのように反映させることができるのだろうか、これについては何ら答えていない。

判決は、障害者権利条約批准のための国内法整備として学校教育法施行令が改正され、施行令と同時に文科省から「保護者の意向は可能な限り尊重されなければならない」との通知（25文科初第655号）が出されたことをまったく無意味にしてしまったのである。これは、障害者制度改革の結果をも否定する、判決の暴挙と言わざるを得ない。なぜ、施行令の改正と同日付で文科省通知が出されたのか、それは、改正施行令5条が結局は総合的判断となり、教育委員会のフリーハンドとなってしまうことに対する歯止めとして発出されたものである。少なくとも改正当時にはそのように説明されてきた。この経緯を一裁判所が覆すことはできない。

そもそも障害者権利条約は、インクルーシブ教育として障害のある子もない子も共に学ぶことを求めているのであり、障害の種類と程度によって分離教育を強制することは、24条違反であることが明確であった。したがって、批准に向けて就学先決定を規定する施行令の改正が迫られてきたのであるが、まずは障害者制度改革の第一弾として、2011年、障害者基本法を抜本改正し、教育を規定する16条1項に「可能な限り障害者である児童と生徒が障害者でない児童と生徒と共に教育を受けられるよう配慮する」とインクルーシブ教育が「可能な限り配慮されるべきである」と明記した。さらに2項において、前項の目的を達成するため、「障害のある児童及び生徒並びにその保護者に対し十分な情報提供を行うとともに、可能な限りその意向を尊重しなければならない」と規定し、ここに本人と保護者の意向尊重をまず明記した。

そして、2013年にいよいよ分離教育を原則とする学校教育法施行令を改正する際に、権利条約批准に向けて障害者の制度改革に取り組んでいた内閣府障害者政策委員会（「障害者制度改革推進会議」が改組されたもの）において、原則として地域の学校に全員学籍を有する制度に転換するべきであるとの意見が出されたが、これに対し、文科省が時期尚早と強く反対し、分離でもなく統合でもない価値中立的な「総合的判断」となり、そのうえで、保護者の意向については最大限尊重するとなったのである。すでに障害者基本法16条（教育）において、本人保護者の意向については可能な限り尊重しなければならないと明記されていたのであるから、総合的判断としてもこれに反することはできず、同日付けで、これを確認するための通知が出されたのである。

この過程を鑑みれば、保護者の意見が専門家の意見と同価値であるはずがない。そして、総合的判断において最大限尊重されなければならないということは、保護者の意見が不合理でない限り尊重されるということを意味していることに他ならない。これ以外に「最大限尊重」を制度的に保障できる判断規範を示してもらいたいが、判決はこれに触れることなく、ただ施行令解釈として採用できないと、撫《な》で切ったのである。

② 本人K君の意思も無視したこと

判決は、障害者基本法16条において、明確に本人の意向も尊重されなければならないと規定しているにもかかわらず、学校教育法施行令は、本人の意見を聴くことを必要的なものとしては規定していないし、K君は意思表示が困難であるからK君の意思を聴取することは困難であると決めつけ、まったく無視してしまった。両親がなぜ地域の学校を希望するに至ったかの経緯を聴けば、K君が明確な意思をもって同世代の友達と一緒に学ぶことを求めていることは明らかであった。子どもであろうと障害者であろうと、まずは何よりも本人当事者の意見を聴き、それを尊重しなければならないということを、判決がいかに軽んじているか、ここまで露骨に言われてしまうと、呆れるとしか言いようがない。

しかも、もともと、2004年、障害者権利条約が成文化される過程においては、障害者はインクルーシブ教育を選択できるという教育選択権として明記されてきた経緯がある。「すべての障害者は自身のコミュニティにおいて、インクルーシブで利用可能な教育を選択できる」との規定である（第6回アドホック委員会日報より）[*31]。これに対し、当事者団体から、この規定だと政府に選択権があるとの誤解を生むとの懸念が出され、選択権として規定するのではなく、誰でもがインクルーシブな学校に就学できることを前提に、政府に、インクルーシブ教育を整備させる規定となったのである。確かに選択権とすれば障害者本人の権利性は明確になるが、選択の対象となるインクルーシブな教育の制度設計への義務づけが薄くなるおそれもある。これを踏まえ、選択しようがしまいが、とにかく教育はインクルーシブなものでなければならないとしたほうが、よりインクルーシブ教育への権利性は明確となる。選択権からどの子もインクルーシブ教育を制度的に保障するとの変更は、一歩進んだ規定として障害者団体は歓迎した

＊編注31　「第6回アドホック委員会日報」
https://www.un.org/esa/socdev/enable/rights/ahc6sum3aug.htm
『教育と文化』2010 Winter.58　南舘こずえ「障害者権利条約と教育」教育総研 36-43

ものだった。したがって、権利条約は、本人に自己決定権―選択権があることはそもそもの大前提であり、加えて政府にインクルーシブ教育を制度として確立することを求めているのである。日本の権利条約批准時における議論においても、これらの経緯を踏まえ、選択権とまでは明記しなかったが、まずは2011年障害者基本法16条（教育）において、「可能な限り本人保護者の意見を尊重する」と明記したのはそのためである。

判決はこの経緯をまったく無視し、制度改革を骨抜きにするものであり、断じて許すことができない。

4．合理的配慮について検討をしなかったことについて

① 判決の合理的配慮についての判断

判決は、5条判断の判断過程における裁量権の逸脱濫用の有無を判断するに際し、まことに勘違いしているとしか思えない理由で排斥し、加えて、医療的ケア以外の移動等の配慮について検討もしていないことについては、原告が小学校に入学することが適当であることを前提とした主張であるとして排斥している。

5条判断における合理的配慮についての判断は以下のとおりである。

（ⅰ）専門家で構成されている支援会議で意見を聴いて就学先を指定する運用をしているので、運用は合理的であり、主治医や幼稚園に照会しなかったことも合理的配慮を欠いているとは

言えない。

（ii）川崎市の医療的ケア事業において人工呼吸器使用児を対象としていないことについては、市の人的・物的・財政的体制を考慮したうえで、市が合理的裁量によって決定すべきであり、小学校で人工呼吸器使用児の受け入れが今まではないこと、文科省発出文書においても、人工呼吸器を使用する児童を小学校等に置いて原則として受け入れるべきなどの提言は記載されていないこと、川崎市が指定都市であり、小学校における看護師配置が財政的には可能であると推認され、全国における人工呼吸器使用児の小学校への入学の事例等を斟酌《しんしゃく》しても、市の運用が障害者に対する合理的配慮を欠く、不合理な差別とまでは言えない。

（iii）神奈川県においては特別支援学校では人工呼吸器使用児の医療的ケアの対象となるように体制を構築されつつあるが、少人数で専門性の高い特別支援学校と小学校と同一視することはできない。

② 判決の明らかな勘違い

前記（i）は、あまりにも明白な勘違いである。幼稚園や主治医への照会は、合理的配慮の問題ではなく、本人の「教育ニーズ」や「障害の状態」に対するより正確な情報を得ることの必要性から求められるものである。これらは、5条判断の手続きにおいてその提出が求められているにもかかわらず、本件はその提出すら求めずに判断されたものであり、そのことはそれ自体で大いに問題であるが、これを求めなかったことが合理的配慮を欠いているということではない。専門家会議が合理的に運用されているから合理的配慮を欠いていない、などとの判示は、あまりの勘違いであり、恥ずかしい限りである。

（ⅱ）もまた勘違いである。合理的配慮は必要とする個人が権利として請求できるものである。本件においては、K君の小学校就学に際し、看護師配置が必要か否かが検討されなければならなかったが、川崎市は、これに対し、医療的ケア事業一般の中で、人工呼吸器使用児童は対象としていないことをあげ、医療的ケア事業は市の裁量に委ねられているから問題ないというのである。医療的ケア事業がたとえ市の裁量であったとしても、個別K君の就学のために合理的配慮として医療的ケアを提供できるか否かの問題である。問題になるとしたら財政的に過度な負担かどうかであり、これについては、川崎市は指定都市であり財政的には看護師の配置は可能であると、判決も認めている。合理的配慮の提供を検討するのに、いまだ小学校で受け入れたことがないとか、文科省も小学校に受け入れるべきだと言っていないとかはいっさい理由にならない。なぜならあくまで個別の配慮を求めているのであり、初めてのことは多々あろうし、文科省が「べきだ」とまで言っていなくても、実際はすでに全国で入学しているケースがあるにもかかわらず、配慮を検討しないことの理由とはならない。

判決は、医療的ケア事業の中でやれるかどうかにこだわり、その運用は市の裁量なのだから合理的配慮を欠いたことにならないので、差別ではないと言い切ったのである。これは合理的配慮と差別に関するあまりにも無理解である。

（ⅲ）についても、特別支援学校で看護師配置ができて小学校にできない理由に、学校の規模とか専門性のある学校か否かを上げているが、合理的配慮にこれらが問題となるわけではない。

③　合理的配慮の検討は不当な差別か否かについての判断に必要不可欠であること

原告らは、本件処分が、小学校での合理的配慮の検討がいっさいなされずになされたことを問題にしている。本件処分は、最初から特別支援学校ありきであり、小学校に就学したらどのような配慮が必要となるかについての検討をしていない。判決はこれについて、明確ではないが、小学校に就学することを前提とした主張であると排斥し、特別支援学校適と判断されたのだから小学校における合理的配慮の検討は不要であると判断していると思われる。しかし、これもまた合理的配慮および障害者差別に対する誤解である。

障害者差別解消法は、障害者に対し不当な差別的取扱いをすることにより権利利益を侵害してはならないと規定する。不当な差別的取扱いとは、①障害のないものと比べ不均等待遇があり、②これを正当化する事由のない場合である。①障害を理由とする区別、排除、制限その他の異別取扱いは不均等待遇であるが、ただし、②その取扱いが客観的に見て正当な目的のもとに行われ、かつ、目的に照らし当該取扱いがやむを得ないとされる場合には不均等待遇を正当化する事由があるとして不当な差別とはならない。①特別支援学校就学措置は障害を理由とする区別、排除等であり不均等待遇であるが、②それが当該障害者の教育を目的とするという正当な目的のもとに、かつその目的に照らしやむを得ないとされる場合には正当化事由があるということになり、差別とはならない。すなわち、本件処分はK君の教育を目的とするものであり、その目的に照らしやむを得ないとされる場合か否か、人工呼吸器を使用し、医療的ケアが欠かせずまた安全上の配慮を要すること、コミュニケーションの障壁、移動の障壁があること等、これらの点からやむを得ない場合であれば差別ではないということになる。

一方、障害者は権利利益を実現するために合理的配慮を求めることができる。K君は、小学校への就学について、市に対し合理的配慮を求めることができるのであるから、医療的ケア及び移動の障壁等についての合理的配慮が提供されることで小学校への就学が可能であれば、不均等待遇が「やむを得ない場合」とはならない。不均等待遇の正当化事由の存否を判断するには、小学校における合理的配慮を尽くしたら就学が可能かどうかが検討されなければならないのである。特別支援学校就学措置が、教育を実現するという目的に照らし、やむを得ないものかどうかを判断するには、小学校での合理的配慮を検討し、合理的配慮を尽くしさえすれば小学校において教育が実現しうるかどうかがまずは判断されなければならない。そして、小学校で合理的配慮が提供されることで就学可能ということになれば、不均等待遇である特別支援学校への就学を正当化するやむを得ない事由があるとは言えず、不当な差別であるということになる。

④　合理的配慮を検討せずに地域の小学校の入学を拒否することは差別である

結局は、小学校における合理的配慮を検討し、これらを尽くしても小学校では教育を達成しえないという非常に限定的な場合にだけ、特別支援学校への就学強制がやむを得ない場合として不当な差別には該当しないということになるが、このような場合をはたして想定しうるだろうか。

以上については、障害者差別解消法に向けて内閣府に設置された障害者政策委員会差別禁止部会において、丁寧に議論を交わし、2012年9月部会意見*32としてまとめた経緯に明らかである。

実際、本件においても、学内の移動については、保護者らが、エレベーターが設置されていた小

＊編注32　「障害者政策委員会差別禁止部会報告」
https://www8.cao.go.jp/shougai/suishin/seisaku_iinkai/pdf/bukai_iken1-1.pdf

学校を選択したことによって、改めての配慮は必要とせず、医療的ケアは、小学校に看護師さえ配置すれば十分に対応できるものであった。さらに、人工呼吸器使用の安全上の問題についても、人工呼吸器の管理の問題でもあり[*33]、また特別支援学校においても保護者の付き添いが求められているのであるから（このこと自体大いに問題であるが）、これをもって「やむを得ない場合」の事由とすることはできない。

とすれば、小学校における医療的ケアに対する合理的配慮の提供が検討されなければならなかったはずであるが、前述のように、本件においては、これを真摯に検討していないし、その他、たとえばコミュニケーションの障壁については「障害の状態」としてしかとらえておらず、合理的配慮の問題としてとらえず、かえって排除を正当化するために使っているのである。したがって、合理的配慮を検討もせずに、K君を地域の小学校から排除し、同世代の子ども集団から分離した本件処分は、排除分離することにやむを得ない正当事由は存せず、K君の学習権を侵害する不当な差別的処分なのである。

ちなみに、本件提訴後であるが、2018年、国連は障害者権利条約第5条（平等および無差別）についての一般的意見第6号[*34]を発表したが、ここでは明確に以下のように述べている。

＊編注 33　訴訟において被告側は、人工呼吸器を利用していることから、何かあった時に対応するため安心・安全の観点からも支援学校が適切だと主張していた。しかし、人工呼吸器の故障などということは現実的にはおよそ想定しえないものであるうえ、人工呼吸器の管理・調整は、入院をしたうえで臨床工学技士によって対応することを要するもので、支援学校でも普通学校でもその点に変わりはない。支援学校のほうが呼吸器の管理体制が整っているというのは、実体を伴わない印象論に過ぎない。

＊編注34　「障害者権利条約第5条に関する一般的意見第6号」（内閣府政策委員会提出資料より）https://www8.cao.go.jp/shougai/suishin/seisaku_iinkai/k_45/index.html

C．差別の禁止及び平等かつ効果的な法律の保護に関する5条2（抜粋・要約）

パラグラフ18

(a) 直接差別の例示として「例えば、締約国の学校が障害のある子供の入学を拒否した理由が、単にその障害を理由として教育プログラムを変更することを避けるためであった場合は、直接差別である」

(b)「間接差別」の例示として、「例えば、ある学校が読みやすい形式の書籍を提供していない場合、知的障害者は、規則上はその学校に通うことは可能でも、実際には別の学校に通うことが必要になるため、それは知的障害者を間接差別していることになる」

D．合理的配慮に関する5条3

パラグラフ24

(b)合理的配慮は、障害者がアクセシブルではない状況や環境へのアクセスを必要とする時点、または自らの権利を行使したいと思う時点から提供されなければならない。

K．教育に関する24条

パラグラフ63

一部の締約国が、障害のある学生にたいして、インクルーシブで質の高い教育を行っている普通学校の平等な利用の提供を怠っていることは差別的であり、本条約の目的に反し、5条及び24条に直接的に違反している。

パラグラフ64

障害に基づき障害のある学生を普通教育（メインストリームな教育）及びインクルーシブ教育から阻害する教育の分離モデルは、本条約の5条及び24条1(a)に違反している。5条3は、締約国に対し、合理的配慮が提供されるようあらゆる適当な措置を講じることを要求している。その権利は24条2(b)によって強化されており、そこでは障害者が生活する地域社会において障害者に対するインクルーシブ教育を確保することを要求している。

以上の一般的意見によれば、本件就学処分が差別であることは明らかである。特に直接差別の例として、「教育プログラムを変更せずに入学を拒否することは直接差別である」としていることである。教育プログラムの変更はまさに合理的配慮として提供されなければならないのであり、この検討もせずに排除するということは直接差別である。本件はまさにこれに当たる。

なお、本件とは直接関連はしないが、一般的意見は、間接差別の例として、知的障害者に読みやすい教科書を提供しないことをあげている。教科書の提供は合理的配慮として義務づけられるが、これが得られないことによって別の学校に通うことになるのは、間接差別だということである。間接差別と合理的配慮について、先の制度改革においても大きな論議となり場面的には同じことではないかと指摘されてきたが、これについても、一般的意見は例示することによって間接差別としてとらえるべきであることを明確にした。さらに、従来、一般的教育としていたことが誤解を生じたこともあり（日本がまさにそうであるが）、大多数の人が受ける主流とされる教育として「メインストリームな教育」と表現し（仮訳は「普通教育」となっている）、地域の学校からの排除は差別であると明言していることである。

5．まとめ

以上、本件判決は、インクルーシブ教育、本人・保護者の意向尊重、合理的配慮と障害者差別について、誤解と無理解の塊《かたまり》であり、これが日本の裁判所の一般的理解であるはずがないと心底思いたい。Ｋ君は世田谷区において地域の小学校での就学を果たしたが、障害者に関わるこのような重要な権利及び利益が、地域によってこれほど異なるということもまた異常な事態である。

柳原由以
（弁護士）

【コラム】川崎判決のその後

川崎裁判は、その後、高裁判決（東京高裁令和5年3月24日判決）においても大きな変更はないままに、最高裁（最高裁第2小法廷令和5年12月6日）において、実質的な審理はされずに棄却されて終結した。

地裁判決と重複するところはあるが、高裁判決の内容についても、言及しておく。

（1）人権としてのインクルーシブ教育に全く触れていない

まず、高裁判決も、地裁判決と同じく「インクルーシブ教育を受ける権利」が人権であることを認めなかった。

ここが、本訴訟の、さらに言えば、今の日本の社会の、権利条約との明確かつ根源的な乖離である。インクルーシブ教育を受けることが権利ではないとすることで、障害を持つ児童が、その意思に反して強制分離されることが正当化される。そして、「共に育つこと」でこそ学び成長できる機会があるという親子の訴えは、正当な権利主張ではなく、「障害を受け止められていない理想論」に貶《おとし》められてしまう。さらに、学校も、社会も、共に育つことの意義、人と対話することやお互いに助け合うこと、煩わしさや葛藤を含めて人と関わりあうことの重要性に気がつかなくなり、ともすれば、話し合いの仕方すら忘れてしまう。

判決は、インクルーシブ教育を受ける権利を明確に否定した一文はないが、判決を通して、原告の権利性に言及されず、人権ではないことを前提に判決が書かれている。

「インクルーシブ教育を受ける権利は人権である」「障害がなければだれにでも当たり前に与えられている、地域の学校に行く権利は、障害があっても保障されるでしょう」という原告の主張は徹底的に無視された。そこに条約があり、条約に明確に書いてあり、日本はそれを批准し、批准にあたって国内法の法改正までしたのだ。そのような法改正をする必要があったのは「インクルーシブ教育を受ける権利が人権だからだ」という事実と歴史的な経緯を、判決は議論を尽くして否定するならまだしも、無視をする。

代理人としても、差別を受けている苦しさを覚える。これだけ言葉を尽くして文書で訴えてもなお、一顧だにされない。私たちの主張は、取るに足りない戯言《されごと》だと、障害があるんだぞ、同等な扱いが受けられるわけないだろう、と言われているのだと感じる。原告家族の無念さ、司法に対する不信感はいかほどだろうか。

（2）パターナリズムによる差別の正当化

高裁判決は以下のように述べた。

「障害のある児童の教育に関する基本的な方向性として、障害のある児童と障害のない児童とができるだけ同じ場で共に学ぶことを目指すべきであるが、障害のある児童が必要な教育的支援を得られないままでは、共に学ぶことにはならない」

転校後の世田谷の小学校で、学級の子どもたちと学び、運動会に参加するなど楽しそうに過ごしていた経過を主張・立証してきた者としては、裁判官にはあの学校生活はどのように見えていたのか、見えているものから受ける印象の違いに愕然とする。あの世田谷の日々を「共に学ぶことにはならない」というのだろうか。

支援のある場で過ごさせるべきだというのは、障害児の教育を取り巻く現場で、本当によく使われるロジックである。

本人の能力を伸ばさないのは、その子どもの最善の利益にかなっていないではないか。

その子の潜在的な能力を可能な限り伸ばしていってあげる責任が社会にはある。だから、その支援ができるところに行かせてあげないと。

このロジックによって、「支援を受けるために分離が正当化されるのか」という差別についての視点が検討されないまま、障害を持つ子のみが、メインストリームから分離される。そして、その裏にある「手のかかる子、周りとあわせられない子は、出て行ってください」という能力差別が隠される。

なお、本件においてはそもそも、教育的支援という点からも、支援学校であれば最適な学びが得られるという前提自体に誤りがあると主張していたが、この点については、まったく判断されていない。「原告児童が意思伝達のために利用できる機器は、療育で用いているトビーという視線入力装置のみであり、支援学校であっても何ら適切な支援は受けられていない」という事実について、司法がどのように認定・判断したのか、主張自体が司法として受け入れられないのか、立証に足る証拠が提出されていなかったのかもわからず、やはり「無視」である。

（3）必要な教育的支援とは何か

高裁判決は、「障害のある児童が必要な教育的支援を得られないままでは、共に学ぶことにはならない」としたように、たとえ、分離されることになるとしても、教育的支援を受けることは優先されるのだとの価値観を示した（高裁判決は、特別支援学校での教育は、インクルーシブ教育の理念に反しないとの地裁の立場を否定していないので、特別支援学校で教育を受けることがインクルーシブ教育を受ける権利を制約しないという見解を取るものと思われるが、明らかに条約に反している）。

同世代の友人とわけられてまで優先される教育的支援とはなんであろうか。

文科省はこの点について、就学先決定にあたり、「障害のある児童生徒の教育に関する基本的な方向性としては、障害のある子供と障害のない子供が、できるだけ同じ場で共に学ぶことを目指すべきである。その場合には、それぞれの子供が、授業内容が分かり学習活動に参加している実感・達成感をもちながら、充実した時間を過ごしつつ、生きる力を身に付けていけるかどうか、これが最も本質的な視点である。」としている。*35

しかし、「生きる力を身につけていけるかどうか」を〝最も本質的な〟視点とするのであれば、「みんなと一緒に学びたい」と希望する児童に対して、強制的に分離することで、どれだけ子どもの尊厳を傷つけ、社会への不信と恐怖を与えるかというところに思いを至らせなければならない。

社会で生きていくために、当たり前に「ここにいていいのだ」と感じること、コミュニティの一員であると実感できることは不可欠である。そして、コミュニティの一員であるという実感は、他者との関わりの中で育つものである。その意味で、生きる力を身につけるために、行政による強制分離を是認する今の就学制度は本末転倒である。一緒に学ぶことを前提として、どのように「学習活動に参加している実感・達成感」を感じられるかを考えていかなければならない。

人と関わり、時にぶつかり合い、お互いに影響し合いながら生きていくことは、社会的動物である人間の根源的欲求である。支援者・被支援者ではなく、教師と生徒でもなく、対等な人間関係を持つことは、人として生きていくにあたり、人格形成の土台を作るものである。

そうであれば、まず、地域での同世代の子どもとのかかわりを保障すべきであり、その中で成長への動機づけを促し、「コミュニケーションを取りたい」という子どもの気持ちを受け止めた支援こそが、その子の教育的ニーズを満たすものであり、必要な教育的支援といえるのではないだろうか。

＊編注35　文部科学省「障害のある子供の教育支援の手引――子供たち一人一人の教育的ニーズを踏まえた学びの充実に向けて～」36頁
https://www.mext.go.jp/content/20210629-mxt_tokubetu01-000016487_01.pdf

（4）交流学習の偽善

高裁判決は、「特別支援学校に就学する場合も居住地交流などを活用することにより、障害のない児童と同じ場で共に学ぶことは可能である」として、その者の意思に反して就学指定をしても、交流学習によって共に学ぶことはでき、だから強制分離を伴う就学指定も適法であるとした。

これは、インクルーシブ教育を目指すことは「主流の教育制度と特別支援／分離教育制度という2つの教育制度の持続とは相容れない。」（一般意見4号パラグラフ40）と明言されていることと真っ向から反している。

実際問題としても、教員が多忙で欠員が生じているような状況において、交流学習は、年1・2回の普通学校での障害児との交流イベントとなっている。私が埼玉県で経験した事案では、転校を希望し、そのためにも頻回な交流学習をと求めた事案において、「これまでのやり方に沿って」と、年2回の交流学習しか認められなかった。

年に1、2回の交流では、「共に学ぶ」ことにはならない。「障害者という人がいるのだな」ということは知りえても、障害者と共に生活するということを通じて、お互いを知り助け合うという実態にはほど遠い。

（5）最高裁判決の確定を受けて

以上のとおり、地裁判決と大差なく、「インクルーシブ教育を受ける権利」についてはまったく触れないままの高裁判決が最高裁において確定した。

実態審理のない判決であった。結局、司法においても「障害があっても共に学びたい」という訴えを人権問題ととらえられないのか、何のための法改正なのか、と思う。

教育的支援の決定について、私がよく直面するのは、保護者の意向が、子どもの最善の利益に反するのではないか、という指摘である。

親が子供の利益に反して自分の要求を通そうとすることが、まったくないとは言わない。子どもの健康を故意に害して、それを看病する自分への同情を集め自らの精神的安定を図るミュンヒハウゼン症候群のように、自らの欲求のために子どもを利用する親権者がいることは、否定しない。「某有名校に入れたい」「あの大学に絶対入らせたい」というような親の要求を受け続けて心身の調子を崩し、家からシェルターへ逃れてくる学生にも何人も会った。

しかし、就学決定の場面において言えば、なぜ、「地域の学校へ行きたい」と望むだけで、それは子どもの最善の利益に反する、親が障害を受け入れられていない、などとの評価を受けるのか。そして、子どものためというパターナリズムによる、分離とセットになった支援の押しつけが、真摯な議論もなく行政処分という公権力によって正当化されるのか。

地域の学校で学ばせたいというときに親が求めているのは、子どもを変容させ多数派に合わせることではなく、社会が、公教育の場が、ありのままのわが子を受け入れることではないのか。「共に育てたい」という自然な親の子どもへの想いを、現状で受け入れに課題があることから、「現実を見ない親のエゴだ」とし、親をモンスターだとすることが、どれだけその親子の尊厳を害することなのかに想いを寄せてほしい。どんなに優しく、寄り添って「お気持ちはわかります。でも現実がありまます」と言ってみても、それは「今の社会では受け入れられません」に他ならない。

インクルーシブ教育を受ける権利の保障には、現状を変えていきましょう、という姿勢こそが必要である。

最高裁によって、障害者権利条約を十分に理解しないままに、条約に反する判決が確定されたことには、代理人として痛恨の極みである。権利条約を批准し、国内法を改正してもなお、意に反した強制分離が行われてしまうことは非常に許しがたいことである。

他方で、本件判決は、「本人保護者の意向尊重」では不十分であり、条約の求めるインクルーシブ教育を受ける権利の実現はできないのだということを白日の下に晒《さら》した。今の制度でも、本人・保護者の意向尊重によって、条約の求めるインクルーシブ教育の実現ができる、などということはないのだ、ということが明らかになったのである。

非嫡出子の相続分規定しかり、女性の再婚禁止期間の規定しかり、制度を変えるまでには、度重なる国連からの勧告があり、社会がその問題性を認識し、時勢を得て違憲判断へとつながっていった。

その意味で、この判決は、現行の制度では意に反した強制分離が行われることが明らかになった以上、それを踏まえて現行制度の問題を指摘し、制度改革につなげていかなければならない。大谷先生に「託すよ」と言っていただいたその想いをつなぎ、制度改革を実現させるべく、みなさんと力を合わせていきたい。

七、2022年総括所見の内容

2022年の障害者権利委員会からの日本への第1回総括所見は日本政府に対してだけではなく、私たち運動現場の者たちに対しても手厳しい内容であった。多くの人に衝撃を与えた「特別(支援)教育をやめる目的を持つこと」「普通学校への『就学拒否禁止条項』を設けること」。これだけでも私たちの予想を超えていたが、実は、最も大きな突き付けが、日本に残る「医療モデルを人権モデルに転換せよ」ということであった。初めて総括所見を読んだ時、インクルーシブ教育へという厳しい突き付けには無条件に拍手喝采、留飲を下げたが、正直これには戸惑った。いまだ、社会モデルさえ根づいていないのに、それを越えて人権モデルとは！ しかもこの指摘は、地域生活(19条)、教育(24条)、療育(26条)[*36]、まさにインクルーシブ教育に密接に関わる分野についてのものであった。

人権モデルという言葉を初めて聞いたのは、障害者権利条約批准のための制度改革の時だった。しかし、権利条約は、文言上はあくまで「社会モデル」から障害を定義していたし、その底流に人権モデルがあると聞かされても何か遠い話のように感じていた。それが、今や人権モデルが各国への勧告の基本概念になっている。

＊編注36　ハビリテーション(適応のための技能の習得)及びリハビリテーション(26条)。総括所見との関係では，26条で療育についての勧告が出されている。

1．人権モデルとは何か

そもそも、障害とは何かの議論は何のためになされ、否定された医療モデルとは何か、社会モデルとは何かの理解から始めるしかない。障害者の完全社会参加がうたわれるようになったのは、1960年代以降だが、その頃は、障害とは、個人の身体にある何らかの機能的欠損として捉えられていた。耳が聞こえないことも目が見えないことも、歩けないことも、個人の身体の機能不全であると……。この概念の延長線上には、何らかの機能不全を持つ個人が社会参加しようとしたら、個人の努力（これを医療や福祉によって支援することはあっても）によってこの障害を克服し、社会参加するしかない。しかしそれは限られた場面でしか成功しない。これに対し、障害とは、社会との関係で生じるものであり、社会が変化すれば障害が小さくなることも、まったく意識することもなくなると認識されるようになり、これが障害の「社会モデル」と言われるものである。そして、ここから、社会的障壁を除去し変化させることを合理的配慮として社会に義務づけ、これが提供されないことが差別であるとされた。

それでは、この社会的障壁の除去＝合理的配慮の提供義務ですべての差別は解消しえるだろうか。

障害者権利条約は、他の人権条約にない新たな権利として「あるがままに尊重される権利」（17条[*37]）と「地域生活の権利」（19条[*38]）を規定している。また、特に法の下の平等として、「個人の

＊編注37　個人をそのままの状態で保護すること
＊編注38　自立した生活及び地域社会への包容

意見の尊重」をうたっている（12条[*39]）。これらを十全に保障しようとする時、おおよそのことは合理的配慮の提供で保障することはできる。しかし、究極のところ、社会権給付として、たとえば24時間地域生活の介護保障（たとえばパーソナルアシスタント保障）は社会権としての福祉的給付と即時的提供義務である合理的配慮の問題が生じ、合理的配慮には過度の負担概念がともなう。しかし生存が脅かされる問題なのであってこれを否定することはできない。また、必ずしも機能障害を伴わない、たとえばトランスジェンダーのアイデンティティ保障は合理的配慮の側面もあるが、より人々の内心にある偏見差別の問題である。言いかえれば、社会モデルとして社会が変化すれば「できる」ようになるという観点を一歩越えて、あるいはまったく異なった観点から、障害者の人権を差別なく平等に包括的に保障するために、障害とは人権侵害が生じている状態であると、広くとらえ直す必要が生じてきたのである。

要は、機能障害を社会的障壁との関係でとらえこれを除去しようとする「社会モデル」に対し、「人権モデル」は、機能障害を人間の多様性の一部として、あるいは機能障害の有無にかかわらずアイデンティティとして捉《とら》え、あるがままに地域社会が受け入れその尊厳を保障すべきであるとする、ということである。また、医療も療育も教育も、それぞれ社会権として、また排除分離されないという自由権としてもあるが、それらを融合しつつ、人間としてトータルの尊厳が尊重されなければならないという、大きく一歩踏み出した概念である。

2. 日本の障害児教育とパターナリズム

＊編注39　法律の前にひとしく認められる権利

総括所見は、まずは一般原則と義務（1条から4条）について、日本の障害関連の国内法および政策が、障害者に対するパターナリズム的な（父権主義的な、あるいは保護主義的な）アプローチを伴うことによって条約に含まれる障害の人権モデルと調和していないと懸念を表明している。要するに、人権モデルとは、このパターナリズムに対抗するものなのである。パターナリズムとは、権力や能力のある者が弱い者に対して「あなたのために」として干渉ないし温情的に扱うことを言う。

まさに教育現場では、「この子の幸せのために」「この子の将来のために」として本人・保護者の意向を無視してでも特別支援教育が勧められ、強制されている。そしてこのことが、本人の個別ニーズ保障としてまかりとおっている。

一人ひとりそれぞれの教育的ニーズを持っている。それは障害があろうとなかろうと同じである。それらを保護者や学校教育関係者が実現していくのだが、この教育的ニーズの具体的内容を決めることができるのは誰だろうか？

保護者か、教育関係者か、本人なのか。

文科省の進める「本人のニーズに合った教育」の具体的な内容、その最終決定権者は教育委員会であり、その内部機関である就学支援委員会の専門的意見だとされている。本人・保護者の意向が最大限尊重されるべきだとされながら、川崎裁判の例を見ても、就学先の最終決定は措置権者である教育委員会であり、そこで本人の教育ニーズを専門家の意見を尊重しながら決めていくとの立場である。

これはまさにパターナリズムそのものではないだろうか。

パターナリズム的アプローチはなぜ人権モデルに相反すると懸念されたのだろうか？

人権モデルは権利条約の基底を流れる、大きな概念である。そしてこれは障害者権利条約策定の際のスローガンであった「私たち抜きに私たちのことを決めるな」*40にもつながっている。今まで障害者は保護や憐みの対象であり、福祉や温情をかけられることはあっても自ら主体的に人生を切り拓く当事者であるとはみなされてはこなかった。しかし、与えられる存在から自ら要求し拒否しうる権利主体となったのである。そしてそのことの具体的な権利として、他の人権条約にない新たな権利としてすでに述べたように「あるがままに尊重される権利」（17条）と「地域生活の権利」（19条）を規定している。また、特に法の下の平等として、「個人の意見の尊重」（12条）が規定された。

これらはインクルーシブ教育24条につながる基本的な権利である。一般原則でインクルージョンを宣言し、そして各権利規定で、あるがままに尊重されること、地域生活、個人の意見の尊重の延長線に、教育の場面ではそれはインクルーシブ教育として規定されているのである。

これらは、保護的にたとえ温情的であっても、上からあなたはこう生きるべきである、施設が安心安全だ、支援学校が手厚い、あなたのためにそこに行くべきだという介入を許さないということである。

＊編注 40　Nothing about us, without us.

3．地域で生を全うするということ

もう一度康ちゃんのこと。高校卒業後、康ちゃんは地域でアパートを借り自立生活をしていた。ほとんど全介助を必要とする康ちゃんは、多くの人に支えられていた。彼は毎日ボランティア介護をやりくりしながら、きっと辛くて大変なこともたくさんあったと思う。でも、彼は安心安全な施設生活を選ばず、地域生活を全うした。健康を害してしまったけど、最後まで地域に生きた。

地域で生きるということは、あえて言えば地域で生を全うする自由もあるということなのだ。近時在宅での終末が言われているが、障害があろうとなかろうとそれは同じである。もちろん医療と福祉を十全に使いながら地域で生を全うする自由もあるということだが、障害者の場合は、ほとんどこれが保障されていない。

あるがままの状態を尊重されながら地域で人生を全うすることを阻んでいるのは、やはり日本の障害者政策全体にあるパターナリズムなのである。この一番深いところを今回の総括所見は突いた。

人権モデルで障害をとらえようとすることは、社会全体の人権水準がまさに問われることになり、実はその曖昧さによって、まったく抵抗感がないわけではない。しかし、私は、日本の障害者運動はこれをまさに求めてきたのではなかったかという思いを強く持っている。１９６０年代から関西を中心に広がった障害のある人もない人も共に当たり前に地域で生きる共生共学の運動は、あくまで障害者が一人の人間として地域社会で普通に暮らすこと、「当たり前」に存在することを求めてきた。印象深いのは、障害者権利条約が成文化され批准されようとしたときに、「当たり前に」地域生活を保障しようとしてきた人たちが、この合理的配慮という言葉に否定的だったことだ。特別なことをするのではない、そこにその人が当たり前に存在することが必要で、そのために自ずと必要なことをするのだと。私は、それこそが合理的配慮で、具体的に必要なことを言葉で表現することによって敷衍《ふえん》化する必要があるのだと、説得したものだった。今なら思う、日本の障害者運動は、この人権モデルを先取りしていたのではなかろうかと。

【コラム】出会った事件が弁護士を育てる……と

長谷川律子

（障害児を普通学校へ・全国連絡会代表）

２０２４年10月10日病院へ、面会不可でした。11日訃報が入り「エッ」……言葉を失いました。想い出を綴ります。

１９６９年生まれの康治《こうじ》は三人兄弟の長男です。次男が洋《ひろし》、三男に亮《りょう》と続きます。康治は逆子で生まれ、仮死状態でした。康治の育児でノイローゼ気味となり、母乳の出も悪く静かな生活を求め生後６カ月の乳児と埼玉へ転居。埼玉での通園施設の保母さんとの出会いが私の人生を変え、生きる指針となりました。

世の中のことを何も知らない私は公私共にお付き合い頂き、彼女に教えられることが多々あり、その後の康治の闘いにも繋がりました。

康治が学齢期を迎え東京へ戻り、養護学校へ入学。毎朝、弟の洋、亮と三人連れてバス停まで送るある日、洋から「ママ、ボクも学校へ行くようになったら、バスに乗って康チャンと一緒に行くんだよね！」という問いに、ハッとし答えられませんでした。三兄弟を障害の有無で分けてしまってたことを突きつけられ、どうしたらいいのか？　埼玉の保母さんへ連絡、何回も団地に来ていただき、話しを聞きました。

養護学校義務化、部落差別、ハンセン病差別とその歴史、水俣病などの公害、薬害エイズ、在日差別、脳死・臓器移植、女性差別、優生思想などなど……私の知らない事ばかりでした。

洋の問いかけと、養護学校では子どもの声が聞こえない、という私の子ども時代との違い、はて？なぜ、私は分けてしまったのだろう。康治は「洋と一緒に通いたい……」と、足立区の仲間を紹介してもらい、足立区教委との話し合い、交渉、そして転校運動が始まりました。

・1977年8月　養護学校1年時、転校希望。
・78年4月　交渉不成立で花畑東小学校へ自主登校（現在校名変更、桜花小学校）。
・79年5月26日　康治のおしっこの訴えに、バギーごと抱えて、校門を乗り越えた支援者が「建造物不法侵入」で逮捕された。直後の警察接見が大谷恭子弁護士との出会いでした。
・80年3月　多くの仲間の支援で、足立区役所前での座り込み・9日間全国闘争、足立区役所は2メートルの鉄柵を設置。

・81年3月

全国から1000人以上集まった日比谷公会堂での集会と区役所前での座り込みの40日間全国闘争。再び足立区役所は2メートルの鉄柵を設置。律子ハンスト決行、社会党、足立区議会議長斡旋案（交流からスタート……）で終結。

しかし、地区の教組・小学校当局、PTA会長を先頭に多くの父母の激しい抵抗で確認文書は反故《ほご》にされ、小学校転校は不可。やはり「障害児・者差別」が根深くありました。

大谷弁護士は乳飲み子を抱え、愛嬌のある笑いとお目めくりくりが強烈な印象でした。当初、弁護団会議で「子どもを学校へ行かせないのは憲法違反」と、原則論を言っていたのですが、書かれた条文と現実の違い、康治との出会いや、親の思いを聞き、事務局との討論の中で、大谷さんの感性と知性は「出会った事件が弁護士を育てる」と言うように変わってきました。いつの間にか障害児教育の専門弁護士と言われるようになりました。

校門を乗り越えた支援者への東京高裁の判決は、①現行法の中で分離・特殊教育が現状、②理念として統合教育はもっとも、③運動としては正しいかもしれないが、親も冷静な判断を、④総論賛成、各論反対……。判決は、有罪で彼は失職、皆涙を流しました。

・83年4月、花畑北中学校へ入学。ようやく地域の学校へ通学できるようになり、玄関は、遊びに来る子どもたちの靴で一杯。放課後はにぎやかなこと。

私が運動に集中するあまり、夫の居場所がなくってしまい、離婚。私と子の金井から長谷川への旧姓改姓手続きも大谷さんに手伝っていただきました。

・84年の夏休みは北海道で視覚障害の菅原太朗さんの就学を「共に」を切り拓いたお母さんの菅原

道子さん（2001年死去）から「康治、洋、亮、律子、よく頑張った。北海道へ報告とごほうびの旅ツアー」にと贅沢な招待を受けました。その後成人してからの三人はそれぞれ友人を訪ね何度も北海道へ行き、すっかり北海道ファンです。
・中学3年時の85年9月に世田谷区の知的障害者の佐野雄介さんと一緒に「障害児・者の都立高校へ入学を実現する連絡協議会」を結成し都教委との交渉が始まりました。この運動は各地に拡がり、現在は定員内不合格が重要課題となっています。
・87年4月、都立渕江高校へ入学。しかし頑張る障害者、モデル障害者のイメージが拡がっていたため康治は針のムシロの高校生活で、康治は私を「悪魔だ、オニだ」と弟や介助者に言っていた……と後に知ることになりました。
確かに、私の思い上りで壁になり、康治の自由を奪っていたことも事実でした。我家の生活は年頃の兄弟と精神状態ギリギリのところで、私はついに家出をし、三人から罵詈雑言を浴びせられました。

世帯分離をし、康治は生活保護を受け、足立区から北区へ越しました。オーディオやカメラを楽しむ生活の一方、酒びたりになったり……。冷静に話せるようになったのは十年後でした。
・99年5月には山中湖へ、一緒に旅行。9月11日には東京都世田谷区にある光明養護学校の教師だった遠藤滋さんと介助者の日常を撮った映画『えんとこ』(注)を見に行く予定でした。
朝、「康治さんがベッド下で息をしてない？　救急搬送で病院へ行きます」と電話を受けました。

私は団地で母の在宅介護と日中ヘルパーの仕事と、ケアマネの勉強中でした。病院へは、洋・亮

(注)　遠《えん》藤滋さんの居る所《とこ》⇒遠藤滋さんのこと。

もかけつけましたが、だめでした。
・99年9月11日30歳……死亡。私の誕生日でした。遺骨は本人の意志で相模灘に散骨しました。大海原で自由に泳ぎまくっているかな。私は、２０００年の都高教組の集会の報告を最後に活動を休止しました。
そして、母を在宅で看取ってから、ようやく康治の死を受け入れられるようになりました。十年たって「共に」をもう一度と思い、障害児を普通学校へ全国連絡会の活動の再開になりました。康治の二の舞はさせてはいけない。子どもの時間は取り戻すことができない、の思いで川崎裁判のK君に心寄せました。が、高裁判決は分離教育を認める判決で、最高裁（令和5年12月6日）は却下……。大谷さんは「ごめん、こんな判例を残してしまった」と大粒の涙を流して、私の肩を抱いてくださいました。私も同じ思いで涙しました。「康チャン、ごめん、又、学校へ入れない子を出してしまった……」

もう少し、身体が動けるうちは頑張るからね。お土産を持って天国で会いたいから、もうちょっと待っててね。

洋・亮達は、お父さんになり「康治と一緒に暮らせたのは財産ダ、誇りダ」と言ってるよ。そして、私が元気に自由に生活して欲しいと見守ってくれてますよ！　康治ありがとう。

11月19日、お線香をあげに伺いました。

ご冥福をお祈りいたします。

八、私たちは何をするべきか

日本社会の隅々にまでしみ込んでいるパターナリズムを脱却し、当事者を主体とし、その人権を護り、制度差別はもとより、差別意識なく、共に地域社会で当たり前に生きていくためにはどうしたらいいのだろうか。このようなことが一朝一夕で実現できるわけはない。壮大な計画になるかもしれないが、できるところから始めていくしかない。

1．インクルーシブ教育が基本的人権であることを認めること

第一に、まずは、インクルージョンは基本的人権であること――法的規範を伴うものであること――を認めることである。

インクルージョンが人権であり、インクルーシブ教育を実現することは個々人の人権問題であり、これらを規定する障害者権利条約、一般的意見、総括所見に提起されている一つひとつの内容が、法的規範を持つものであるということを認めることである。それらはあったらいいなという希望とか期待としてあるのではなくて、「でなければならない」という規範性のあるものなのだ。

今回、総括所見において撤回を求められた交流時間の上限設定を設ける通知[41]は、2024年3月、大阪弁護士会において人権侵害だと判断され、文科省に、改めてその撤回を求める勧告が執行されている。[42]まずは私たち法曹――裁判官・検察官・弁護士らがその規範を学習し、承認し、実現するためのさまざまな取り組みをすることである。

川崎の裁判は、高裁で、総括所見を証拠提出し、主張したにもかかわらず、結論は変わらず、最高裁で敗訴判決のまま確定した。法曹、特に裁判官の人権水準の底上げをどのように実現していくべきか、これはすべての人権問題における日本の課題である。

また、教育現場の改革が必要だが、たとえば、教員に対する障害児教育研修は現在、特別支援教育研修となっている。これをインクルーシブ教育の観点での研修に切り替えるべきである。

教育に関わるすべての人たちが、インクルージブ教育は人権問題であることの認識を持つこと、これが喫緊に求められている。これは総括所見においても具体的に要求されていることである。

2．制度改革を進めること

第二に、制度改革を進めることである。

条約批准のための国内法整備ですべてが終わったわけではない。継続的に改革が求められ

＊編注 41　2022 年 4 月 27 日文科省通知（4 文科初第 375 号）「特別支援学級及び通級による指導の適切な運用について（通知）」
＊編注 42　大阪弁護士会ホームページに勧告掲載
https://www.osakaben.or.jp/01-aboutus/committee/room/jinken/03/2024_0322.php

ている。今回の総括所見は日本政府に、特別支援教育をやめる目的を持つことと明言した。明日辞《や》めろと言っているわけではない。どうしたら分離別学にしなくてすむのか、その軸足を変えろと言っているのである。

これを進めるためには、やはり就学先決定はとても大きな問題である。制度改革において提唱された、学籍一元化に向けて舵を切るべきである。そして、総括所見で提起された「拒否禁止条項」を制度化することである。本人・保護者の意向尊重では、今の現場を変えられない。まずは学籍を地域の学校に一元化し、特別支援学校は希望する者だけが行く学校に変えていかなければならない。決して地域の学校から無理矢理排除されて行く学校であってはならない。そのためには、もちろん地域の学校で合理的配慮と支援が保障されていることは大前提である。これらを実現しつつ、地域の学校に行きたいと言った場合には拒否できないのだということを教育現場が受け入れることである。

3. 人権救済機関の実現

第三に、人権救済機関の設置を実現することである。

制度改革を待つことができない個々人の人権の実現のために、速やかに人権救済されるよう、政府から独立した人権救済機関の設置と、個人通報制度により人権の国際水準を実現するために、選択議定書の批准も必須である。これはインクルーシブ教育だけの問題ではない。

4. 実践を広めること

第四に、地域の教育実践を全国に広めることである。日本の特徴は、地域間格差が大きく、関西など一部の地域ではフルインクルーシブが実現している。これは日本固有の差別である部落差別への取り組みから障害者差別を克服するための実践として展開されてきた。この取り組みの結果、地域ぐるみでインクルーシブ教育が実践されている自治体がある。関西ではこの数十年の取り組みによって地域に障害者が生活していることが当たり前になっている風景がある。

これを全国に広めよう。ここには、世界に恥じないインクルーシブ教育の実践がある。隣の市町村でできていることが自分たちにできないはずはないのだ。川崎で拒否された子どもが隣の世田谷区では受け入れられ、ちゃんとクラスの一員として友だちもできたのである。

5. 発達保障論と共生教育論を融和させること

第五に、誤解を恐れずに言うならば、日本の障害者教育運動を二分している、発達保障論と共生共育論を融和させることである。*43 地域で共に学び共に育つべきであるとする、まさにインクルーシブ教育を求めることは、個々人の能力の発達を求めることを決して否定していないし、

＊編注 43　障害児には特別支援で発達を保障するべきであるという立場（発達保障派）と、共に学び共に育つ中で成長するべきであるという立場（共生共育派）。本書 53 頁、三の 2 参照。

そのことが教育の目的であることも認めている。ただ、そのために強制的に分離するべきではない、分離教育によって発達が保障されるべきではないと考えている。また一人ひとりの能力の発達を保障することが教育であると主張する人たちも、今や強制的に——すなわち本人保護者の意向に反してでも特別支援教育を課すべきであるとは思っていないはずだ。

教育こそは自発性が肝要なのであるから、そのような強制的な教育で教育効果が上がるかどうかの観点においても、消極のはずである。

九、特別支援学校（学級）が増え続ける現状を当面どう変えるか

これを踏まえつつ、現実に特別支援学校就学者が増え続けている現状をどのように理解し、変更していくか。

まず、通常学校での合理的配慮と支援の内容を可視化し、得られるものの情報を明確にするべきである。現状の通常学級に行くことに不安を持つことは当然だ。行くことによって必ず合理的配慮がされなければならないこと、これもまた権利であることを周知させるべきである。

また通常学校での共生共育の実践の情報を拡散し、現実にまかり通っている「説得という名の強制」をやめることである。

さらに、特別支援を選択した場合、あるいは措置された場合も、原学級交流や居住地校交流を重ね、原学級や居住地校に戻すことの取り組みをすることである。この意味で文科省の交流時間の上限設定などはまさにインクルーシブ教育に反している。支援学校から通常学校への転校についても、積極的に働きかけるべきである。

私は20年間、日本教職員組合の障害児教育部会（今はインクルーシブ教育部会と名称を改めたが）で共同研究者として全国の教育実践を学んできた。その中には、特別支援学校の教諭でありながら

地域の学校に戻す取り組みをしているケースもあった。さらに、卒業後の生活としてどのようにしたら地域生活が実現できるかについて取り組んでいる特別支援学校の先生方のケースもあった。

文科省は、このことを、支援学校と通常学校の垣根を低くするという表現で一定程度認めているが、どちらかというと、地域の学校から特別支援学校への転校要求に使われがちである。

総括所見のいう「特別支援教育をやめる目的を持つこと」というのは、分離された教育環境の中だけで発達を保障するべきではないということである。

発達を保障するということはそれぞれの能力や個性を伸ばすことに加え、あるがままに尊重される権利をも含むものであること、分離排除されないということは地域で誰とどのように生活するかを決定する権利を含むこと、これらの新たな人権の教育の場面での結論がインクルージブ教育なのである。人権としてのインクルージブ教育は決して軽んじられてはならないし、まさに共生社会の要になる権利の基軸となる人権であることをぜひ、共有していただきたいと思う。

十、障害者権利条約24条とは

今一度、権利条約24条に戻ることにする。

24条はインクルーシブ教育について、注意深く多層において規定している。まず第1項本文で、あらゆる教育制度はインクルーシブなものでなければならない、ということ。これは学校教育だけではなく生涯教育においても同じである。分離された教育制度を否定したのである。さらに教育の目的に、人権規約に一般的に規定されている目的に加え、新たに「自己の価値に対する意識を十分に育成すること」（1項a）が加えられた。これは子どもの権利条約にもなかったことである。分離された教育施設では劣等感を植えつけることになり、自己の価値に対する意識を十分に育てることはできない。そして排除の禁止である（2項a）。さらに注意深く自分の住む地域社会での教育を保障している。すなわち、自分の住む地域社会でインクルーシブな初等中等教育にアクセスできること（2項b）。アクセスできることこそは、まさにそこに就学できるということである。2022年の総括所見で、「拒否禁止条項」を制度化するべきだとされた根拠になっている。

これらに加えて、合理的配慮（2項c）、一般的教育制度内＝地域の通常学校のなかでの個別支援（2項d）、これに加え、個別支援措置、これが日本でいうところの特別支援学校を措置として強制することに当たると思うが、これらは、フルインクルーシブ（障害者をクラスの一員として完全に受け入れること）を目標とすること（2項e）としているのである。要するに、措置としての個別支援があるとしても、フルインクルーシブを目的としなければならない、必ずクラスに戻すということを目的としていなければならないと注意深く規定している。

また、コミュニケーション障害を有する場合には言語保障として別途規定している。

とても注意深く何層にも分けて、インクルーシブ教育を、地域から離さない、分けない、排除しない、クラスの中で合理的配慮と支援を保障し、特別な場合だけ措置されることがあっても必ず戻す……これらをまさに人権として保障しているのである。

みんなと一緒に、クラスの中で合理的配慮と個別支援が保障され、特別な支援も固定化永続化しない。これらについては、じつは、国際社会においてインクルーシブ教育の先進国と言われている国においても、さまざまな工夫がされている。

わが国の教育界を二分してしまったそれぞれの能力と個性を発達保障させること、反差別として分離排除されないことを求める共生共育、これらは、ともに人権であり、一方を否定することはできない。そして、ある意味で古典的な人権としての能力と個性の発達は、障害者権利条約によって「あるがままに保障される権利」としても新しい人権概念としてより具体的になり、分離排除されない権利は、積極的に「地域で生活する権利、どこでどのような生活をするかを自己決定する権利」として新たな人権として具体化している。どこで誰とどのように成長していくか、あるがままの状態として尊重されるべきか、これらを決定することは個々人の自己決定の問題であり、あまねく人権問題なのである。

日弁連主催大阪シンポジウム基調講演の講演録から（2024年6月29日）

そしてもう一度、障害者権利条約24条の一般的意見のパラグラフ10を見てみたい。

パラグラフ10（抜粋・要約）
インクルーシブ教育は、以下のように理解される。
（a）すべての学習者の基本的人権。特に、教育は個々の学習者の権利であり、児童の場合、親や養育者の権利ではない。この点において、親の責任は児童の権利に従属する。
（中略）
（d）教育を受ける権利を妨げる障壁の撤廃に対する継続的かつ積極的なコミットメントのプロセスの結果で、すべての生徒に配慮し、効果的にインクルージョンするために、通常学校の文化、方針及び実践を変革することを伴う。

まずインクルーシブ教育は人権である。そしてこれに加えて、インクルーシブ教育を実現する過程で、すべての生徒に配慮し、include（包摂《ほうせつ》）することによって、通常の学校の文化、方針および実践を変革することを伴うもの、とされている。

インクルーシブ教育は目標であり、それを目指して実践すること。そのことによって、全ての子どもにとって、学校文化が変わること。すべての子どもにとってのインクルーシブ教育。インクルーシブ教育の完成形は、私たちが自由・平等・博愛の社会を見たことがないということと同じように永遠の課題である。

しかし、目標を下げてはならない到達した今の最新の人権である。であれば、これに向けて、全生徒の文化、学校文化を変える。学校文化が変われば地域も変わる、地域が変われば社会が変わる。インクルーシブ教育は、障害のある子のための教育だけではなく、全生徒のための学校文化を変えるものであるということ。インクルーシブ教育は人権であるということ。それから、それを実現する過程が文化を変えるものだという貴重な二次的なプラスを持っている、これだけのことをやらない手はないということである。

【コラム】分ける教育が奨められないために

北村小夜

（21年間特殊学級担任、障害児を普通学級へ・全国連絡会世話人）

日本の学校は、１８７２（明治４）年８月に公布された「学制」によって１８７４年から始まりますが、「邑《むら》に不学の戸なく、家に不学の人なからしめんことを期す」としながら、列強に追いつくため、学力向上・人材養成を目指し、今日に及ぶ「就学猶予・免除」制度を設けてきました。

私は、戦争を経て民主国家になり教育制度が整っていく中、障害児の教育も人権を尊重する形で行われると期待して、始まった養護学校教員養成課程を受講するのですが、まず読まされたのが、文部省の広報資料18「我が国の特殊教育」でした。それは法律でも規則でもありませんが、普通児の学力向上のために「分離教育が必要である」ことが明記されていました。こんな内容です。

「50人の普通学級の学級経営を、できるだけ完全に行うためにも、その中から、例外的な心身の故障者を除いて、これらとは別に、それぞれの故障に応じた適切な教育を行う場所を用意する必要があるのです。

特殊教育の学校や学級が整備され、例外的な児童・生徒の受け入れ体制が整えば、それだけ、小学校や中学校の普通学級における教師の指導が容易になり教育の効果があがるようになるのです」

怒った私はここで分けない立場に立つことを決めました。

それを教員や親たちをはじめ多くの人に伝えました。

次第に障害者のためじゃなくて、普通学校の成績を上げるためだっていうことがわかってきました。もちろん、分けたところでていねいな障害児教育が始まるのではないかと期待する人も少なからずいましたが、明らかに分ける教育の奨めです。

同時に全国学力テストが始まりました。

1957年からテストの結果と教員の勤務評定が直結するようになって、昇給・減給にも直結する時期でした。そこで香川県が始めたのが、特殊学級を増設することでした。特殊学級籍の子は学力テストの対象から除外されました。つまり、特殊学級を作れば作るだけ、学力テストの成績が上がるわけです。

いま正確に診断すれば、決して「精神薄弱」という診断で特殊学級に入学する必要がなかったという子どもが、含まれていました。私が勤めていた学校は駅の裏側で飲み屋も多く、下校したら、店を開けて夜遅くまで家業を手伝うという生徒もいました。その子たちは学校に来るころには眠くなり、勉強も満足にできません。また、悪ガキといわれたり、親が面倒を見てくれなかったりした子で、どさくさに紛れて「できない子」にされて、特殊学級に入れられた子も少なくありませんでした。

そんな一人ひとりを見ると排除しているのが、学校であり、教師であることに気づき反省の意味をこめて「未就学を考える教師の会」を作りました。間もなく保護者のみなさんの理解も得て「未就学を考える会」になりました。

現在でも分ける教育は続いています。今では、保護者が子どもを率先して施設に入れ、発達障害の診断を受けて特別支援教育を受けることが、分けられるという感覚ではなくて、「うちの子に合った教育を選択する」と思って早期に決断することもあります。

そもそも、憲法は分離教育を奨めています。「能力に応じて等しく」と書いてあるでしょ。私は、先に「日本国民には等しく教育を受ける権利がある」って言ってしまえばいいと、ずっと考えています。

分けない教育を実現するためには、まず知的障害のある人を国会に送ろう、ということを提案します。いま、言いたいことが言うことができない人たちに、ものを言って貰わなければなりません。議員を送り出すっていうのは、知的障害のある人が「私にわかるように話してください」とか「そこはフリガナを振ってください」とか「難しい漢字を使わないでください」とかが言える場は、国会だろうと思っているからです。現行の障害に関する法律だって読めない人もいっぱいいます。自分のことが書いてあることすらわからない人もたくさんいます。そんな失礼なこと、ありますか。少なくとも、当事者にわかることを書いてほしい。そのために私は、障害者自身の覚悟が必要だと思う。「私たちのことを、私たち抜きで決めないで」って言っているけれど、その言葉は必要なところには届いていません。

十一、スウェーデンのインクルーシブ教育視察

２０２３年９月11日から15日までの５日間、日本弁護士連合会として、北欧のインクルーシブ教育を視察した。著者を含む６人の弁護士が参加した。スウェーデン・イエテボリ市に３日間、ノルウェー・オスロ市に２日間の視察を行った。本稿は著者が報告を担当した小学校の視察報告である。（編者）

１．概要

(1) 視察概要

日時　２０２３年９月11日

担当者　特別教員（スペシャルペダゴーグ）責任者ウルリカ氏

(2) 訪問先概要

イエテボリ市近隣のムーンダール市にある小学校

２．ガイダンス

まず、校内視察に先立ち、特別教員のウルリカ氏からのガイダンスを60分受けた。パワーポイ

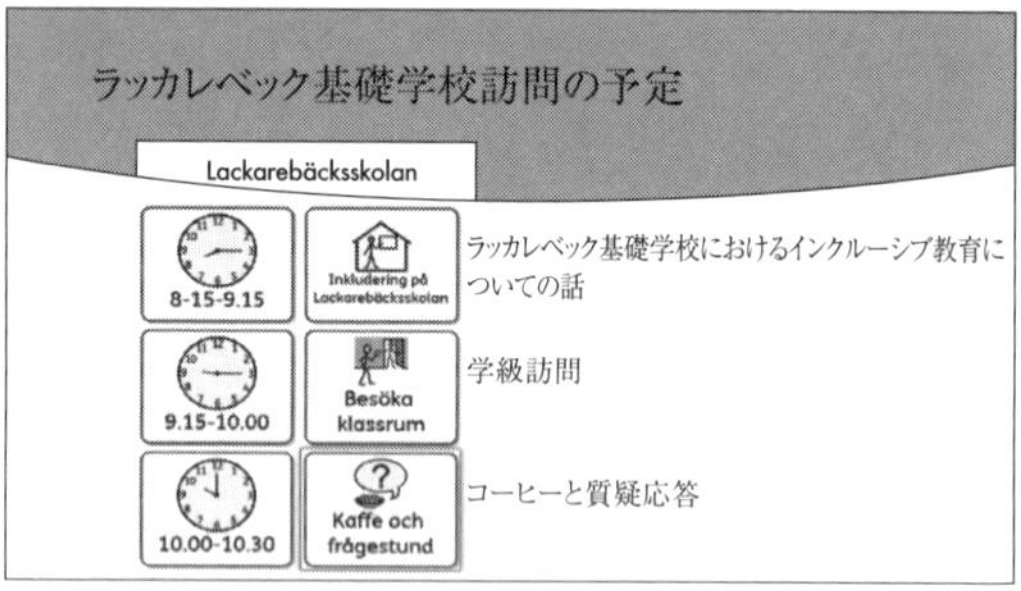

現地プレゼン資料より

ント30枚が用意され、最初に当日の私たちの視察の予定が、時計と図示で分かりやすく表示されていた。この表示こそが、本校でのすべての人にとってわかりやすい授業を象徴している。

(1) 基礎自治体であるムーンダール市

人口7万、多様な地域性がある基礎自治体で、南部は田園地帯、北部は都市地帯。ラッカレベック基礎学校は、多くの親が大学教育を受けている、社会文化的な地域に位置している。近年は、この地域は移民を多く受け入れていて、性格が変わってきている。本校にも移民の子が増えてきている。学校としてはよい傾向だと考えている。社会全体が統合型に進んでいるということだから。

ムーンダール市には24の基礎学校があり、８３７４名の子どもが通っている。市内には三つの支援付基礎学校がある。支援付基礎学校では、通常と同じ教科をレベルを下げて学ぶコースと、科目自体を再編成して学ぶコースがある。

(2)　ラッカレベック基礎学校概要

・義務教育小学校で0年生（就学前学級）（6歳）から6年生を対象にしている。
児童数約５７０人。

・教職員は約80名。

・組織
校長・副校長
特別教育チーム（特別教員）４名
（全体的な特別教員1名と実際の指導を行う特別教員３名）
（特別教員は３年の教員経験に加え特別なトレーニングを受けた人）
子どもの健康促進チーム
（校長・特別教員・学校社会福祉士・学校心理士・学校保健師）
学校医（毎月1回訪問）
市が雇用する言語療法士３名

・学級編成
3年と5年が3学級で、他の学年は4学級。学級人数は20名から25名。
就学前学級では、担任以外に支援員（教員）がつく。
1年から3年生は、各学級に主指導教員と1人の余暇指導員がつく。
学科時間は二人で、放課後は余暇指導員が指導する。

4年から6年生は、各学級に1人の主指導員がつく。教員は教科担任制に基づき、互いの学級も指導する。

〈特別教育グループ〉

自閉症など12人（1年生から6年生）

12名の子どものために三つか四つの教室がある。

通常のカリキュラムに従った教育を受けている。

このグループに入る子たちは親が希望した子どもたち。

特別教育グループの設置は市議会が決めた。

〈支援付基礎学校のカリキュラムに従って、個別に統合的に学ぶ子ども〉

2人。1名は電動車イス。トビー（視線で伝達するコミュニケーション器具）で会話をする。重度の知的障害がある。

カリキュラムは別だが、場所は通常のクラスで統合されている。

1名は全科目のレベルを下げて、1名は選択した科目を受けている。

1名は専用のアシスタントがつき、おむつを替えるなどの介護をしている。

カリキュラム選択は親が希望する。

(3)　教育のシンボル

次頁パワーポイントの図は、すべての子どもが環境を整えることによって教育の場を共有できるということを表しているし、これが私たちの教育のシンボル（図は、日本では合理的配慮を説明するときに使われている。スウェーデンでは「利用性を高める」という言葉で表現されていたが内容は合理的配慮と同義と思われる)。

それぞれの生徒は異なった条件を持っている。すべての子どもたちが、教育の場を共有し、同じ条件の下で教育を受けられるようにするために、環境の設備、対応をする。環境には、内的環境と外的環境がある。物理的な環境としても、騒音をシャットアウトする、不必要な光が入ってこないようにする、教室の中は清浄な空気があるように換気もよくする。この子どもたちにはどういう家具を置くことによってグループ全体がうまく勉強できるかということを考えて家具を配置するようにしている。

多くの子どもたちが移動し、椅子から立ち上がることが難しい子どもが多いので、移動がスムーズに行くように考える。歩くのが遅い子どものためにはお昼を食べる食堂に行く時間を早めて、差をつける。事前にわかるようにして、移動することの心の準備をさせることも大事。移動するときなどに、誰か大人が行ってサポートするのが必要な子どもたちもいるので、人手を準備し、手を貸してあげるようにしている。

クラスの中の雰囲気、社会的環境をよくすることも、とても重要。グループ単位でいろいろするようにしている。

生徒間の態度はとても重要である。一緒に映画を見たり、本を読んだり、こういうときにこういう態度をとってよかったかどうかということをみんなで話し合いながら練習をする。

ともに学ぶ教育のシンボル

学習する環境も、今までの専門知識を学び、たとえばモンテッソーリとかシュタイナーとか、いろいろある中でどれを使うか、それを戦略的に使い、サポートする機能も使っている。

一日がはっきり、全部の子どもたちが今日一日どういった形で過ごしていくかがわかるようにする。朝来たら、何があってどうするということを明白にわかるようにすることがとても重要。その一つが「ビジトンライン」という、絵と言葉で表現する。言葉で言うことを強調してわかってもらうために絵や写真を使う。

(4) すべての子どもへの指導と（知的）刺激

〈指導と（知的）刺激〉（パワーポイントの図　ピラミッドの一番下）

スウェーデンでは、教師は個別にあるいはグループごとで、その子をリードすると同時に子どもに刺激を与えている。その子の知識の知的レベルに従って、知識のレベルが低い子には底上げするサポートを個別にし、優秀な子にはやる気を続けていくために刺激を与える。すべてのレベルの違う子どもたちに、みんなが十分刺激を受けて学んでいけるようにするのは教師の仕事であり責任。

〈追加（特別）の適応〉（ピラミッドの真ん中）

特別に対応しなければならない子どももいる。その子たちには、たとえば、自分の机のところに一日のその時間割を置く。ま

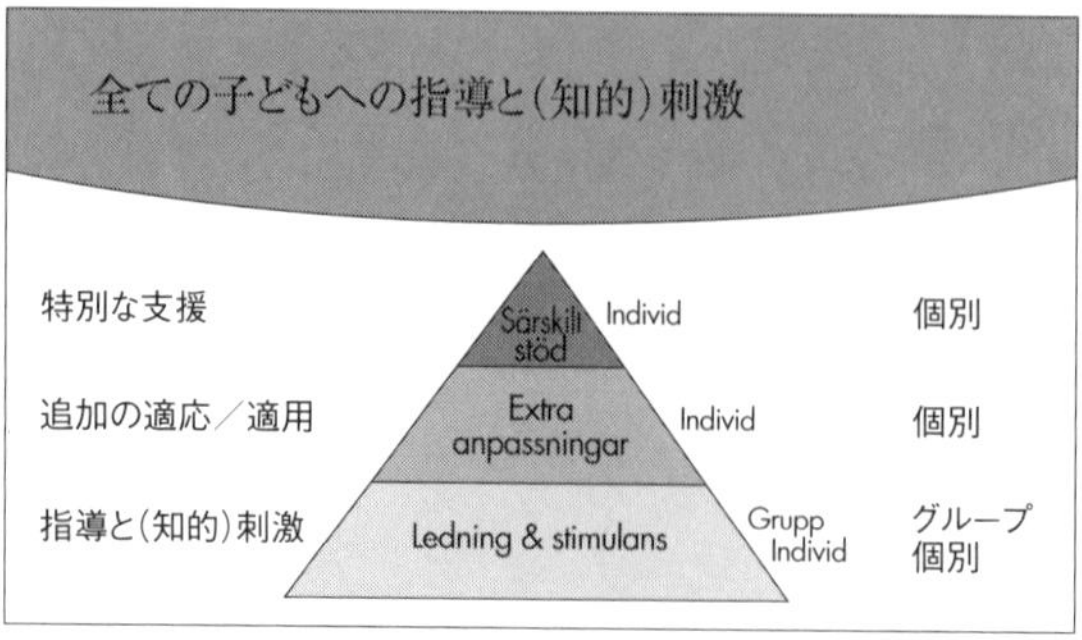

教育方針を示すピラミッド

た、算数を勉強しているとすると、算数ではなく言葉以外の違う形で何をしているかを説明するサポートをする。明確な指導、指示を出す。

学習に入っていけない子どもがいるときには、その子がすぐ学習を始められるようにサポートする。書かれた文章を理解できるようにサポートする。そのために、IT、支援付教科書、特別な器具を使う。「追加」というのは、余分にこの子のためにいろいろするという意味。何回も繰り返し復習することも。特別教員がクラスにときどき来て個別指導をすることもある。

この特別な対応は通常の教室のクラスの中でしている。

〈特別な支援〉（ピラミッドの一番上）

特別な支援には、定期的に毎週一回など、特別教員から支援を受けること、特別な教育を受けるグループに移動すること（ラッカレベック基礎学校は12名の子どもがいる）、マンツーマンで個別教育を受けること、一定の科目を免除するなど、科目の中でも全履修しなくていい、ということもある。これらは、保護者の希望で始められる。

これとは別に、校長判断で個別教育となることがある。多くの場合、暴力をふるう子どもが対象となる。この場合は、期間が決められている。だいたい最高2週間くらいで、それ以上継続することは非常に少ない。

個別教育を受ける時は、個別教育から戻ってクラスの中に入ってみんなと一緒に教育を受けられるようにする義務が学校側にあると、法律で決まっている。クラスに戻す時には、その子専用のアシスタントがつくことが多い。

ラッカレベック基礎学校には5名のアシスタントがいる。うち2名は介護要員（おむつを替えるなど）。

特別な支援として、不登校児の対応もする。学校に来てもらうには、たとえば科目を減らして、自分ができた、成功したというサクセスストーリーを作る。

この子がどういった意味で特別な支援を受けているかということは、どう対応したかのプログラムを作成するために全部記録することが法律で決められている。

個別教育に対しては、苦情申立てをすることができる。

(5)　学校の使命

学校が市から委託されているのは子どもたちを教育すること。でも、何かを学ぼうと思ったら、生徒を囲む社会的環境がとても重要。そのために、親権者――保護者と私たちは連絡をとって綿密にチームを組む。重要なのが生徒。生徒の考え方、意見を聞き取っていくことがとても重要。たとえば、一人の生徒が何かを学びにくいとしたら、その際に重要なことは生徒と一対一で話して、なぜそんなに難しいのか、なんで勉強できないのだろうかとかと話していくことがとても重要。今まで知らなかったことなどでその生徒がとても悲しいとか、気分が落ち込んでいるから勉強ができないということがわかってくることがある。それを直さないと勉強はできない。子ども、保護者、子どもの健康チームと教育関係者が輪になって学校の使命を実現する。

(6)　インクルーシブ教育の四つの原則

スウェーデンの学校におけるインクルージョンとして、四つの原則がある。

1．特別な教育的介入は、通常の教育の枠内で実施されなければならないこと。
2．対策を講じる際には、子どもに質問し、子どもの意見を考慮しなければならないこと。
3．親は子どもの教育において決定的な役割を果たしており、重要なサポーターであること。
4．特別な支援を必要とする子どもたちには、幅広くバランスの取れた適切な教育への完全なアクセスが提供されなければならないこと。

この点についてはパワーポイントに準備されていただけで口頭での説明はされなかったが、大変重要な指摘であった。

(7)　ラッカレベック基礎学校における子ども健康サービス活動

生徒のための健康促進部門は1週間に1回会議をしている。

PMOというプログラムを使って、話し合ったこと、話し合う必要があることは全部PMOというプログラムに書き込む。生徒や保護者と学校で話し合ったこと、たとえば家庭環境がよくないなど、心配なことを書き込む。それを、1週間に1回の生徒のための健康促進会議で取り上げて話し合う。その時に話し合う焦点は、三つ。一つが学習、学んでいくこと（目標達成されているかどうか）、二つめが生徒の行動、どういう気持ちで過ごしているか悲しいとか落ち込んでいるかということ、三つ目が出欠状況。この三つを見ていくと、その一人の生徒が抱えている不安であるとか問題というのがわかるようになる。会議で一人の生徒に何か特別に対策をしなければならないかどうか話し合い、何かすることが決まったら誰が対応するか、どういうふうにするかを決めていく。

(8) 体系化された質の高い学習

一番重要なことは、私たち学校の使命は生徒を教育すること。それが真ん中にあって、一人の生徒に対して、私たちは今どのあたりであるのか、これが輪になっている。今私たちは現状はどうなっているか、この生徒をどういうふうに導いていこうか、その次は私たちの到達したいこと、そうすると到達するにはどうしたらいいだろうか。最後は評価する。そうすると私たちがやったことの結果がどうなったかと、また原点に戻ってくる、一つの輪の中を回転していくようになっている。

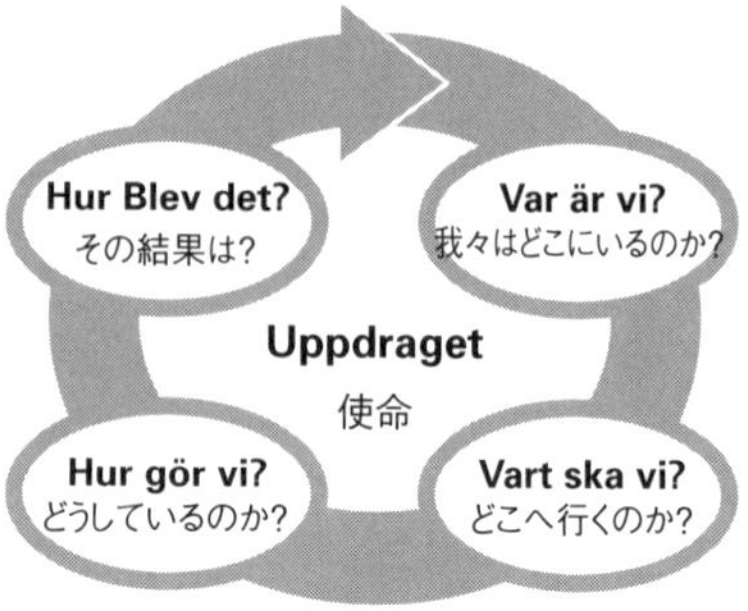

(9) ラッカレベック基礎学校がインクルージョンを成功させるために重視していること

まず学ぶために、社会的身体的に利用性の高い学習環境を作っているかどうか。

学校と保護者との間でお互いに協力関係がうまくいっているかどうか。

生徒のための健康促進部門の利用性が高いかどうか。健康チームと教師らが協力し合っていくことが大事で、教育と健康促進は車の両輪。

体系的で質の高い取り組みがされているかどうか。重要なことは輪にするという考え方。今どこにいて、どこに進みたいか、どのようにしていくか、結果はどうなるか、これをいつも見ていなければならない。

3．校内視察

校内をくまなく案内され写真も許可されたが、生徒が写真に映ることは許可されなかった。

(1) 小学校4年生に「統合児」

「統合児」とは、特別教育のカリキュラムが適用されているが地域の学校に通う子どものことである。小学校4年生に、電動車イスを使用し、知的障害があり言葉を発することができない重度の障害がある子がいる。

(2) 4年生の学級（20人）

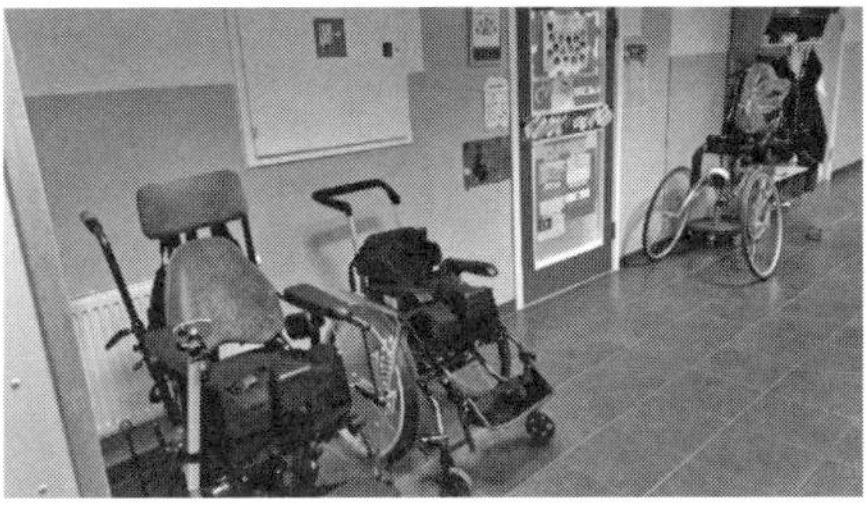
電動車イスなど

学級全体の写真

集中するために誰でも使用できる、デスクに置ける「囲い」がある

各教室に誰でも使える小部屋が敷設

教室から続く小部屋の中にはテーブルとイス

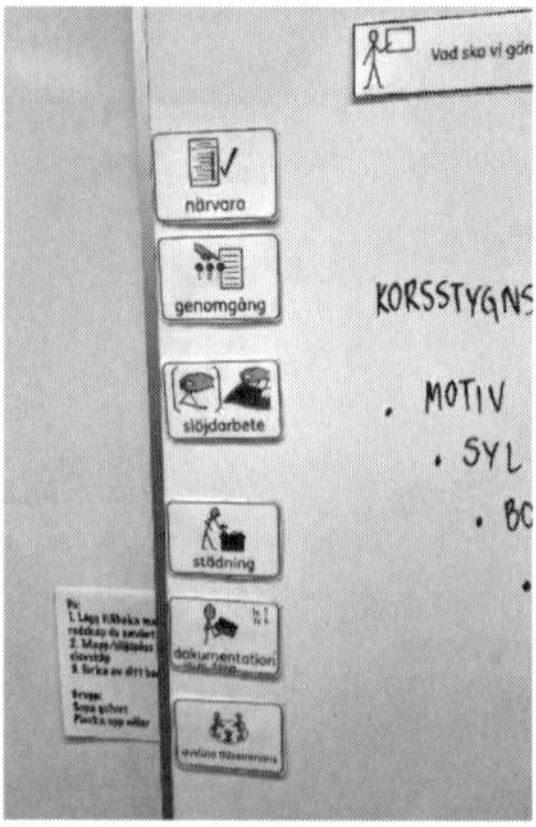

キャビネットの中身がわかるピクトグラム(情報を伝えるための簡略化されたデザイン)

子どもの理解度を表すイラスト(よく理解できているカウボーイ,ルーペを持って探索中の探偵,水晶で占う魔女,理解できていないという意味だと思われる)

(3)　小学校2年生にも「統合児」

自閉症の子がいるが，教員の加配はなく介助員もついていないとのこと。

小学校2年生の教室に誰もが使えるソファが設置されている

自閉症の子の机に1日のスケジュールがわかるピクトグラムと文字

小学校2年生の教室にも小部屋がある

小部屋の中には小さなキッチンとソファなど

小部屋の入り口

(4) 広い校庭・敷地

広い校庭

広い敷地

4. 感想

まず、ここでは障害のあるなしにかかわらず、それぞれ個人に必要なことが提供されている。インクルージョンは当然の前提とされ、それを踏まえ、どのようにしたら各人に必要なことが提供されるかという観点である。ここでは合理的配慮という言葉さえ聞かれなかった。それ以前の、日本でいうところの環境整備（日本の場合は、環境整備は漸次的に整備されればいいとされるが、ここでは個別合理的配慮を包含しつつ第一に必要なこととしてとらえられている）として、障害者に個別に必要ということではなく、クラスの子全員が十分な教育を受けるためには教室はどうあるべきか、レイアウト等々、またクラスの子どもたち同士の関係はどうしたらいいのかさえも、一人ひとりの教育にとって重要な要素であるとしてとらえられている。たとえば、日本では、発達障害のある子に対しクールダウンの部屋が設けられるべきだとの議論がされており、日本ではこのような部屋は通常クラスから離れた場所に設けられるが、ここでは、どのクラスにも一人で勉強したくなったらクラスに併設されている部屋に移動することが可能であり、これは誰でも使える。要するに障害の有無を問わず、誰もが勉強しやすいようにユニバーサルデザインとして教室づくりがされている。このような通常クラスの中に何人の障害者がいますか？　の問いは愚問だったかと思わせるものであった。

その基礎の上に、障害のある子に対する個別支援が提供されている。ここが日本とは根本的に違うところである。障害のある子どもに個別（特別）教育を提供しているが、しかしその在り方については権利条約24条2項cd*44が規定している様々な条件を、これを具体的に実践しようとしたら、まさにこの形になるのではなかろうかと思わせるものだった。

例えば個別支援は通常の教育の枠内で行うことはスウェーデンのインクルーシブ教育の原則として掲げられているが、重度の障害のある二人の障害のある子どもは通常クラスで、身体介護等についてアシスタントをつけながら、カリキュラムを変更しながらも、通常クラスの中で授業を受けている（この点授業風景を視察できなかったことは残念であった）。また、個別教育として別クラス（グループ）として別の場所で授業を受けている子どもたちも、個別教育は必ず普通のクラスに戻

＊編注44　権利条約24条2項cは合理的配慮、dは必要な支援を求める条項がある

ることを目的として行われることが法的に明記されている。

インクルーシブ教育は、単なる統合教育ではなく個々人に必要なことは通常学級の中で充足され、それらは、合理的配慮や環境整備として物理的に提供され、さらに教育の内容としても個別化されつつ統合されていることが徹底されているように思えた。そしてこれらが障害のある子どもたちだけではなく、すべての子どもたちが個々人に必要な教育という具体的な課題を踏まえた教育が提供されているということである。このことは、教育が、教師だけではなく医師、保健師ら、子どもの健康に関わる人たちと協働作業としてとらえられているということにも表れている。子どもの成長にとって教育と医療は車の両輪であるとの指摘は、障害のある子どもだけではなく障害のない子たちにとっても重要な指摘であり、それら一人ひとりのメンタル面も含めて対応することによって、障害が相対化しているように見えた。

さらに、ここでは、国際人権法がキチンと遵守されている。子どもの意見表明権、保護者の役割の重要性、これらは子どもの権利条約をはじめとして国際人権法上確立しているものであるが、日本はこれを一貫して無視している。この点だけでも格段の差がついていると思わざるをえない。

補論

I、北欧から見るインクルーシブ教育

黒岩海映

1．北欧とインクルーシブ教育と大谷恭子

２０２３年９月11日から15日まで、日弁連でスウェーデンとノルウェーのインクルーシブ教育を視察してきた。高知大学で北欧のインクルーシブ教育を専門に研究されている是永かな子教授のコーディネートにより実現した貴重な視察旅行だった。

参加メンバーは、日弁連から６人の弁護士。

初日の午前は、まず、大谷先生が報告している、イエテボリ近郊のムーンダール市の小学校に行った。この視察だけは、イエテボリ在住のハンソン友子さんのコーディネートによるもので、大谷先生と、全盲の大胡田誠さんと私の３人で参加した（残りの３人は是永先生と別の学校を見に行った）。

その内容は大谷先生が詳しく報告しているとおりである（１４７頁以下）。

私自身、インクルーシブ教育について勉強するようになったのがつい最近で、北欧視察の前は、是永先生に２回ほど勉強会をしてもらい、提供された資料を読み込んだりして視察にのぞんだ。しかしその

程度の勉強では、1週間の視察で、北欧という国の豊かさ、厚み、国際人権法が息づく民主国家のすごさを実感することはできていなかった。大谷先生は違う。大谷先生は、2006年に障害者権利条約ができるずっと前から、そして1989年に子どもの権利条約ができるよりずっと前から、世界行動計画などを手がかりに、インクルーシブ教育を人権としてとらえ、どんな法規範から子どもの地域の学校への就学を勝ち取ることができるのか、考え抜き、あらゆる実践を試みてきた。権利条約に書かれていること、一般的意見に書かれていること、2022年の総括所見で述べられていることを、実感を持って理解し、そしてそれが北欧の教育現場で実践という形で実現していることを体感したはずだ。

私はというと、何となくすごい、ということを感じて帰ってきたものの、いったい何を収穫してきたのか、心もとない現実があった。

しかし、2023年12月から大谷先生が闘病生活に入り、教職員組合や弁護士会などでのインクルーシブ教育の研修や講演の代わりを務めなければならなくなった際、何度も条約、一般的意見、総括所見を読み直し、何度も北欧の資料や現地でもらったプレゼン資料を読み直し、論文を読み、視察の際の録音データを聞き直して勉強しながら、そのたびに少しずつ少しずつ、分厚い層の奥へ向けて、だんだん深層に近づいていくように、じわじわと北欧のすごさを理解できるようになっていった。

「条約の文言を実践に落とすとはこういうことなのか……。」

「現地の学校の先生がプレゼンしてくれた説明やパワポに書かれた言葉は、一般的意見に書かれていることと同じだった！」

「障害者権利条約より前に、子どもの権利条約に書かれている子どもの権利主体性、これが北欧では現実に追求されている……」

こういうことに気がつくたびに深く感動し、小躍りしたいくらいの喜びを感じた。それを大谷先生に伝えると、「そうでしょ！」「すごいよね」と肯定してくれた。

私がいちいち感動した事実は、裏を返せば、日本では、国際条約はお題目、あれは建て前であって現実は別、ましてや一般的意見にも総括所見にも法的拘束力などない……という国際人権法を軽視する風潮が常識であることや、その影響をしっかり受けて、私の中で、条約を本気で実践するとどうなるのか、考えたこともなかったことの表れだった。

大谷先生は、目の前で苦しむ人の問題解決や人権保障に奔走する中で、（日本の法制度が不十分にすぎるため）すがるものが国際法しかないという状況で、必死で世界行動計画や基準規則やサラマンカ宣言を読み込み、A君が通いたい学校に通うにはどうしたらいい？　根拠となる法規範をどこで探せる？　そんなふうに勉強を重ねてきたのだろうと想像する。だから大谷先生は、私のような新参者の初級者にもわかるような説明をしてくれない。「大谷先生、インクルーシブ教育のこと教えて下さい！」と請うても、「目の前にあることとやってきただけだから……」と言われてしまった。文献一つ紹介してくれなかった。一緒に北欧に行って、大谷先生が何を感じ取ったのか、手取り足取り教えてもらうこともなかった。

北欧視察から1年経って、大谷先生が書いたスウェーデン視察報告を改めて読むと、私が何カ月もかかって理解した内容がさらっと書き込まれていた。大谷先生、こんなにさらっと書かないで、もっとわかるようにかみくだいて説明して下さい……と思ってしまう。

なので私がこのエッセーで伝えたいのは、初心者にもわかるようなインクルーシブ教育の中身、それが実践されている北欧のすごさである。

2. スウェーデン

㈠ 子どもの姿は見られません

スウェーデンでは、大谷先生が紹介しているラッカレベック基礎学校という地域の小学校を見てくることができた。しかし事前に、「教室の中で子どもたちが学んでいる様子は見ることができない」と伝達されて、衝撃を受けた。スウェーデンは権利意識が強いので、子どもたちの様子を見るには、事前に全保護者の同意を取る必要があるとのこと。そのため大谷報告に載せている写真は、誰もいない教室ばかりである。しかし休み時間に遊ぶ様子や廊下で歩いたり走ったり騒いだりしている様子は見ることができたので、まったく子どもたちの姿を見ることができなかったわけではない。また、空の教室だったので、じっくり壁の掲示や教室の隅々まで説明を受けながら見学をすることができた。子どもの姿を目にすることができないなんて、行く意味ある？　とまで思った大きな不安は、行ってみるとかき消された。

㈡ ピラミッドの感動

特別教員の中でリーダーを務めるウルリカさんのプレゼンを聞くところから視察は始まった。スウェーデンのインクルーシブ教育全体についての説明を経て、ラッカレベック基礎学校の概要や、インクルーシブ教育の考え方を詳しく説明してくれた。

私が特に感動したのは、ピラミッドの図を用いての説明だった（その場で感動したのではなく、前述の通り、後から何度も読み返して、意味が理解できてから、深い感動に浸ったと言ったほうがいい）。

ピラミッドの図は、大谷先生の報告の152頁を参照してほしい。

まずピラミッドの一番下の段。「指導と（知的）刺激」「グループ　個別」と書いてある。これは、特別な指導ではなく、どの子どもも対象となる、ベースとなる通常の教育内容を表している。つまり、ベースにすでに、個別の支援やグループ学習が組み込まれている。是永先生の事前学習会でも、スウェーデンではそもそも一斉授業がほとんどなく、授業の最初に短時間、一斉の説明があった後は、自主学習やグループ学習に入り、子どもによっては先生に聞きに行ったり、友達に聞いて教え合ったりするということだった。また基本的に生活指導というものがないので、勉強する姿勢は自由で、寝っ転がって勉強する子もいる。服装も自由なので、ドレスを着ていたり、化粧をしている子がいても問題にならない。こんなふうに余計なルールを取っ払って、自由度を増やすことで、教室にいられるようになる子は大勢いるだろうと思う。そしてルールを取っ払い、生活指導をなくすことで、叱る場面が減り、先生たちも楽になるだろう。子どもへの信頼があるならルールは不要。大人から信頼されている子どもたちはすくすく育つものだ。

ちなみにスウェーデンの学校は、給食がビュッフェ形式なので、給食指導もないということだった。日本の学校の先生たちは、給食指導にも結構なエネルギーを費やしている例を多く聞く。スウェーデンでは、子どもたちは栄養バランスについて学習するが、実際に何を食べるのかは日々、自己決定するということだ。大人になったら自由に食べるものを選ぶのだから、考えてみたら当然のことだ。日本の先生や子どもたちを「給食指導」の縛りから早く解放してあげたいと願う。

話を戻すと、ベースとなる教育においてすでに、一人ひとりの子どもの状態に応じて、知的好奇心を刺激し、学習意欲を高められるような働きかけがなされるのがスウェーデン。その子に合った教育を行うのがスウェーデンの基本形。もちろん通常クラスの中でだ。

次にピラミッドの中段は、ベースの教育に加えて、追加の支援が必要となる。特別な教科書や機材を使ったり、特別教員が教育に関わったりする。この追加支援もあくまで通常クラスで行う。これが日本とは違う。日本では、「個別の支援は別室で」という思い込みがあるが、スウェーデンは、できる限り場を分けない、ということを重視している。これは一斉授業を基本形としないから可能となるのだろう。

そしてピラミッドの一番上、「特別な支援」である。ここでは、定期的な特別教員からの支援や、別クラスへの移動、マンツーマンの個別教育なども含まれてくる。つまり「特別な支援」で初めて、みんなと一緒のクラスから外に出る可能性が出てくる。

ここで重要なのは、「特別な支援」は、保護者の希望がなければ行われないということである。保護者の了解がなく、「特別な支援」を行うことはない。

例外的に、校長判断で個別教育になる場合があるが、それは多くの場合、暴力を振るう子どもが対象になるということである。是永先生の事前勉強会でも、「他害行為があった場合はいったんアウト。スウェーデンでは権利意識が強いので、暴力はダメという点は、日本より厳しいくらいだ」と教わっていた。しかしこの話にも続きがある。暴力等が理由で別室に行くことになった子も、ずっと分けられているわけではなく、必ず通常クラスに戻されるという点だ。最大2週間くらいで元のクラスに戻るということだった。

しかも「個別教育を受ける時は、個別教育から戻ってクラスの中に入ってみんなと一緒に教育を受けられるようにする義務が学校側にあると、法律で決まっている」とは何ということか。障害者権利条約24条2項（e）で述べられていることが法定され、実践されている！

障害者権利条約24条2項

（e）学問的及び社会的な発達を最大にする環境において、完全な包容という目標に合致する効果的で個別化された支援措置がとられること。

障害者権利条約24条2項は、（a）で排除を禁止し、（b）で地域社会でのインクルーシブ教育を保障し、（c）で合理的配慮、（d）で必要な支援を規定する。その次の（e）が右記のものである。（e）は日本語が一見難しいが、「完全な包容」、つまりフルインクルージョンという目標に向けて、個別支援が行われなければならないということである。「分けて」の個別支援でなく、みんな一緒の場での個別支援が追求されなければならない。分けることがあったとしても、それは完全なインクルーシブ教育という目標を持った対応でなければならない。またみんなと同じ教室に戻ってくるための個別支援でなければならないということだ。（a）の排除禁止の大原則からすれば当然のことであるとも言える。分けたほうが効率的だし本人の発達のために有効だという、一見、正当に見えて、排除と分離の論理の強い根拠となる差別的思想を、完全否定している。

この条文を読んで意味を理解した時にとても感動した。

しかしスウェーデンでこのピラミッドの説明を受けた時に、すぐにこのことを言っているのだと気がつくことができず、理解に数カ月を要したのである。

㈢「インクルーシブ教育の四つの原則」

ウルリカさんの用意してくれたパワーポイントに、「スウェーデンの学校におけるインクルージョン」という表題のスライドがあった。しかし飛ばされて説明がなかった。加えてすべてスウェーデン語なのでまったく意味はわからなかった。

ここで登場したのが大谷恭子の嗅覚だった。帰国してから、

「ねえ、このスライド、何か大切なことが書いてある気がする。翻訳できないかな?」

このスライドは画像だったため、機械翻訳が機能しなかった。しかしＩＴに強い弁護士が、画像をテキスト化した上で機械翻訳にかけてくれた。するとそこにはお宝が眠っていたのである。大谷恭子の本能、恐るべし。

四つの原則を再掲する。

1. 特別な教育的介入は、通常の教育の枠内で実施されなければならないこと。
2. 対策を講じる際には、子どもに質問し、子どもの意見を考慮し

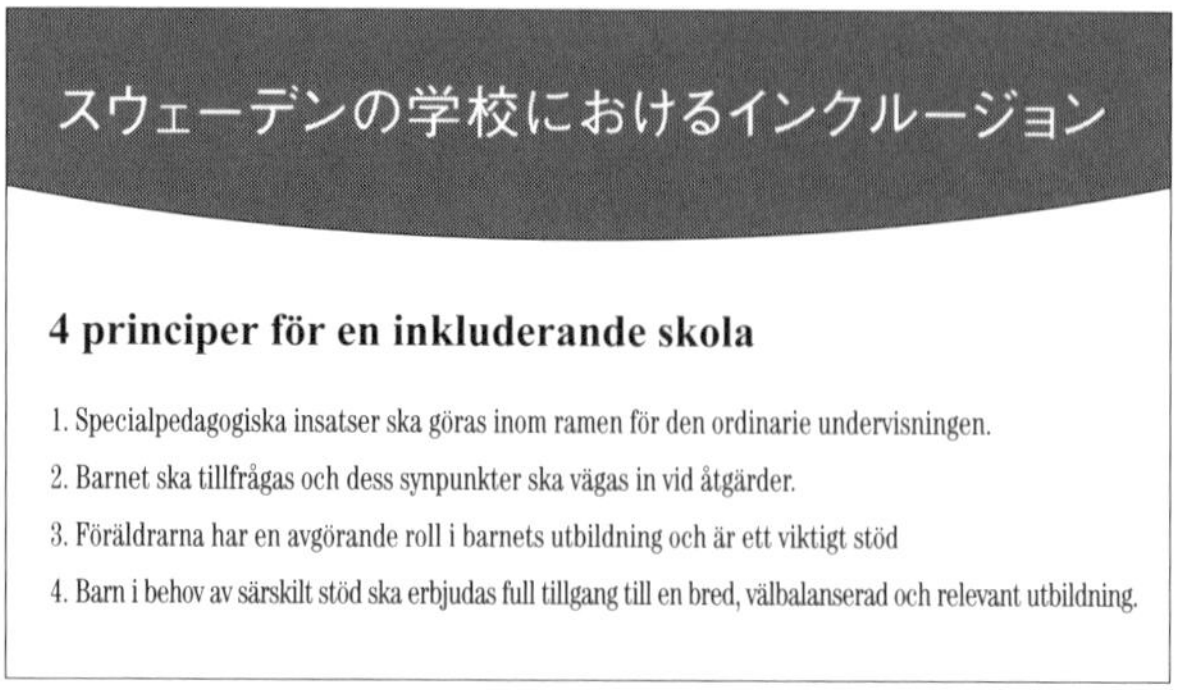
スウェーデンの学校におけるインクルージョン
4 principer för en inkluderande skola
1. Specialpedagogiska insatser ska göras inom ramen för den ordinarie undervisningen.
2. Barnet ska tillfrågas och dess synpunkter ska vägas in vid åtgärder.
3. Föräldrarna har en avgörande roll i barnets utbildning och är ett viktigt stöd
4. Barn i behov av särskilt stöd ska erbjudas full tillgang till en bred, välbalanserad och relevant utbildning.

なければならないこと。
3．親は子どもの教育において決定的な役割を果たしており、重要なサポートであること。
4．特別な支援を必要とする子どもたちには、幅広くバランスの取れた適切な教育への完全なアクセスが提供されなければならないこと。

やはり第1に排除禁止の原則が書かれているところがさすがである。

そして第2に子どもが出てくる！　これには感動した。日本ではまず見ないことである。しかし子どもの権利条約を勉強すればすぐ、これが当然の考え方であることはわかる。子どもの権利主体性を認める、その理念をお題目にせず、教育現場にしっかり落とし込んでいる。インクルーシブ教育を求める親はすぐ、「親のエゴ」と叩かれる。それを言う人は、ならば子どもの意見を本当に聞いているのだろうか？

第3には、しっかり親が重要なポジションにいることも示している。ほとんどの場合、親は誰より子どものことを知っているはずだ。親の意見がないがしろにされることがあってはならない。ただし、その順番は、子どもの次である。[*1]

そして最後に第4として、「特別な支援」への注意喚起がなされている。「幅広くバランスの取れた適切な教育」の意味について解説を受ける機会はなかった。しかし、単に少しでも多く正しい文字が書けることとか、少しでも速く正確な計算ができることとか、そういうものにかたよらず、幅広くバランスの取れた適切な教育が保障されなければならない、つまり、互いを認め合い尊重し合

＊1　障害者権利条約一般的意見4号　パラグラフ10にもこう書いてある。「（インクルーシブ教育は，以下のように理解される）(a)すべての学習者の基本的人権。特に、教育は個々の学習者の権利であり、児童の場合、親や養育者の権利ではない。この点において、親の責任は児童の権利に従属する。」（32-33頁参照）

える力や、寛容な態度、共に生きるための知恵や心を身につける教育もそこには含まれる、という意味だと受け止めたい。

㈣　健康チーム

意外と、大谷先生は、この健康チームに食らいついていた。インクルーシブ教育における専門家の役割や関与の仕方に強いこだわりがあったからかもしれない。

健康チームは、障害のある子どものために存在するのではない。何か問題を抱える子、不登校気味の子、何らかのSOSを出している子がいれば、健康チームが関わってくれる。これは、校長・特別教員・学校社会福祉士・学校心理士・学校保健師・学校医（毎月1回訪問）、市が雇用する言語療法士からなる多職種チームである。

健康チームは、必ず週1回会議を持ち、対象となる子どもについて議論するという。子どもが抱える学習上、行動上の問題を話し合い、子どもの不安を理解し、対処していく。担任の先生が抱え込まないよう、学校全体で子どもに関わっていく取り組みとして、日本でも導入してもらいたい。

そこでは、本人や保護者の気持ちを飛び越えて専門家が決めていくという発想はまったくないことが重要である。前述の四つの原則を守りながら対応してくれるのなら安心できる。「障害のある子」だけを特別視することのない仕組みであることも素晴らしい。

㈤　少人数学級

ラッカレベック基礎学校では、だいたい20人くらいの学級だった。

日本には「学級定数」というものがあり、小中高校まで長い間40人学級だった。現在、小学校は35人学級への移行の最中である。

40人学級の時代、学年41人だと2クラスに分かれるが、1人転校してしまい40人になると途端に翌年度から1クラスになってしまう。さらに、特別支援学級在籍児童が5人いたような場合、この子どもも達が通常クラスで過ごす時は、45人学級になってしまう。私の子どもの学校で現実に生じていたことであるが、45人の子どもたちに一人の先生が明らかにアップアップになっていた。日本では学級定数という考えが厳格に採られている。特別支援学級の定数は8人であるため、最大で48人が一つの教室で学ぶ事態が発生する。

しかし世界的には、必ずしも学級定数というものがあるわけではないらしい。イタリアでは、障害のある子がいるクラスは、25人でなく20人になるということだ。「20～25人」といったゆるい決め方で、柔軟に学級を組んでいるようだ。

スウェーデンの場合、そもそも「学級」という概念を使うのをやめたそうだ。たとえば学年に80人いた場合、それを三つのグループにするか四つのグループにするか、もっと少人数にするか、毎日、毎時間、柔軟に編成する。コロナ禍のような時差登校により、朝の1時間を半数の子どもたちだけで少人数で学習できるようにするという工夫がされたりもするそうだ。

まず箱が設けられて、入れる人数が決められて、「うちではお宅のお子さんは見ることはできません」と排除が横行する日本とは大きな違いだ。教育とは何のため、誰のためにあるのか。「特別な支援が必要な子は支援学級か支援学校に行って下さい」。そんな排除がまかり通る国、日本。

スウェーデンでは、まず子どもがいて、個性や好みや意向があって、それをどう育てていくか、何人のクラス編成がいいか、何人の先生をつけるか、どんな教育を提供するか、そんな順番で発想がされているのだろう。子どもファースト。

そんな中で、ラッカレベック基礎学校に、最近、特別グループができたという。学区外からも発達障害などがある子が集められて、12人のグループを編成していた。大部分、親の意向で子どもが参加させられていて、子どもは地域の学校から離れたくなかったとのこと。これはあまりよくないことなので、また変わっていくと思う、との説明だった。新しい試みを進めて、今ひとつだったら後戻りもする。インクルーシブ教育とはそれ自体、プロセスであると言われている。どこかに正解が一つあるというものでも、どこかにピカピカの完成形があるわけでもない。常に試行錯誤しながら、歩み続けるプロセス、それがインクルーシブ教育だ。

㈥　「統合児」

「統合児」とは何か。

スウェーデンには、通常カリキュラムと特別カリキュラムがある。以前、カリキュラムを一本化したことがあるが、また二つに戻したという。

特別カリキュラムは、主に知的障害がある子に適用されるもので、本人・保護者が希望して、特別カリキュラムを受ける資格がある（つまり人や予算をつけるだけの一定程度の支援の必要性がある）と判断された場合に、適用される。特別カリキュラムを受けることは権利であって義務ではないから、希望もしていないのに押しつけられることはない。希望しても叶わなかった場合の、不服申立ての仕組みもある。

そして、特別カリキュラムを希望して認められた子が、地域の通常学校に通いたい場合は、これが認められる。このような子どもを「統合児」というそうである。

前提として、スウェーデンには、通常学校の他、知的障害の特別学校と、聴覚障害の特別学校がある（聴覚障害の特別学校では、手話を第一言語として獲得しつつ、スウェーデン語を第二言語として習得できるバイリンガルろう教育が行われる）[*2]。視覚障害、肢体不自由、病弱児のための特別学校はないため、こうした子どもたちは地域の学校に通う。ただ病弱の子は、院内学級に通う場合もある。

知的障害の特別カリキュラムを希望する子は、知的障害特別学校に通うものかと思いきや、特別カリキュラムを適用されながら地域の学校に通うこともできるというのが驚きだった。通常学校のクラスの中に、通常カリキュラムの子と特別カリキュラムの子が一緒に入って学んでいるということである。ラッカレベック基礎学校では、4年生に知的障害と肢体不自由の統合児が、2年生に自閉症の統合児がいた。

スウェーデンでは知的障害の特別カリキュラムが適用になる子どものうち、2割ほどは地域の学校の通う統合児だということだ。

ちなみに前記特別グループにいる12人の子どもたちは、通常カリキュラムの子どもたちだということだ。通常カリキュラムだが特別グループで学ぶ子どもたちがいて、他方では、特別カリキュラムだが通常クラスで学ぶ統合児がいる。

ちょっと複雑だが、子どもがどこでどのような教育を受けたいか、選ぶ権利がしっかり保障されていることがよくわかる。

＊2　バイリンガルろう教育を受けられる学校は、日本では東京都品川区にある明晴学園という私立の学校しかない。

(七) 「連続性のある多様な学びの場」とは

文科省は、特別支援教育として、特別支援学校、特別支援教室、通級指導教室という三つの場を設けて、これらを「連続性のある多様な学びの場」と称している。これをインクルーシブ教育システムだ、障害者権利条約のいうインクルーシブ教育はこれだ、ともいう。

「連続性のある」とは、子どもの状態に応じて、普通学級とこれら三つの場を行き来できるようなイメージかと思う。通級指導教室は普通学級に籍を置きながら、週に何コマか、別室で学ぶというタイプである。特別支援学級は、在籍する子どもが、科目によっては普通学級で過ごすことが可能だが、地域や学校によって、100パーセント支援学級で過ごさせるところから、先進地域である大阪府豊中市の学校だと100パーセント普通学級で過ごすところまでさまざまな実態がある。

これについて、2022年4月27日に文科省が出した通知が大問題になった。特別支援学級在籍児童は、週の半分以上、特別支援学級で過ごさなければならないという内容だったからである。[*3] 文科省自ら、「連続性」の看板を投げ下ろしたかのごとくである。今は支援学級在籍だが、少しずつ普通学級で過ごす時間を増やして、いずれ普通学級在籍にしたい子どもや、体育と音楽だけは支援学級が適しているが、他の科目は普通学級で過ごしたい子どもや、医療的ケアが必要だから支援学級籍だが、教科学習の進度に何ら問題のない子や、いろんな子どもがいるにも関わらず、とにかく半分以上は支援学級で過ごしなさいとはどういうことか。大阪弁護士会に、当事者から人権救済の申立がなされて、画期的な勧告が出されたところである。[*4] 実は文科省通知の前から、自治体によっては同様の内容の内規を持っていた。国

＊3　134ページ、編注39参照。
＊4　134ページ、編注40参照。

語と算数の時間数を合わせるとちょうど週の半分くらいになるので、この内規を守るため、国語と算数だけ「取り出し」となる子どもが多く存在する。どの科目もみんなと一緒に学びたいのに、医療的ケアが必要であるというだけで、取り出されている子どもが現実にいる。この「取り出し」という言葉も、初めて聞いた時は驚愕した。これは「物」に対して使う言葉であって、「人」に対して使う言葉ではない。しかし普通学級から別室ないし特別支援学級に移して学習させることを「取り出す」というのが教育業界の日常語になっている。この内規や通知を前提としたとしても、子どもによって、どの科目で支援が必要かは違うはずなのに、深く考えることなく一律に国語と算数を「取り出す」という運用実態にも大きな疑問がある。

特別支援学校に至っては、普通学校から特別支援学校への転校はあっても、特別支援学校から普通学校への転校には大きなハードルがあり、およそ「連続性」などはないに等しい。大谷先生がインクルーシブ教育に関わるようになったきっかけである金井康治君の例も、最初は特別支援学校に入学し、その後、下のきょうだいとともに地域の学校に通いたいと思っても、転校が叶わなかった例である。他にも、地域の学校に入れてもらえないから、とにかくいったん特別支援学校に入るという選択をした場合、その後、地域の学校へ転校したくてもできない例は多々聞く。川崎裁判もそうである。「連続性」などほぼないのである。

もっと問題なのは、「多様」という言葉の使い方である。できるだけ同種・均質な子どもを集めた箱をいくつか用意して、「多様な箱があります」「どこに入りますか」というのは、障害者権利条約が求める多様性ではない。求められる多様性とは、自分がいる教室の中でさまざまな子どもが共に学び、共に育つ環境である。隣の席に、自分とはまったく異なる友達がいるということ。できるとかできないとかにかかわらず、どんな子も一緒の場で学ぶということ。大人になった時、障害者と接したことがないとか、初めて障害者と接しましたとか、そんなことを言う人がもういなくなるような、そういう学校が、「多様な学びの場」であるはずである。文科省のいう「多様な学びの場」とは、まさに上からの官僚目線。子どもの目線では、自分のいる教室に障害のある子がおらず、別の教室に行かされている、あるいは別の学校に行かされているという状態が「特別支援教育」の中身であり、多様性などない。

文科省の「多様な学びの場」は、複数の別々の「場」があり、子どもに合った場で学びましょうということだ。「分ける」ことが前提になっている。しかしインクルーシブ教育において必要なのは、「多様性の保障された学びの場」である。

ではどういう学校が「多様性の保障された学びの場」か、それをスウェーデンが教えてくれた。普通クラスが少人数で編成されており、必要に応じて教員加配や支援員がつく。一斉授業はわずかしかなく、生活指導や給食指導もない。自主学習やグループ学習が自由にできる。教室の中に誰でも使えるパーテーション付きデスクがある。休みたい時に休めるソファがある。寝っ転がって勉強してもOK。一人であるいは少人数で集中したい時に使える小部屋が、普通クラスと連続した場に設けられていて、出入りが自由。もしも万が一、友達に暴力を振るってしまったような時は、その子はいったん、別の部屋で学ぶ。

しかし、その子どもが暴力を振るってしまった心理背景や友人関係、あるいは家庭環境などを、しっかり健康チームが共に検討してくれ、子どもの不安に寄り添い、できるだけ解消し、また教室に戻るための環境調整を行う。「暴力」は一つのSOSだ。ほとんどの場合、攻撃性の背景にあるのは不安や自信喪失、孤立感だ。最大2週間程で、その子どもはまた普通クラスへ帰る。スウェーデンから得た学びは大きかった。

㈧「なぜ学ぶか」から学ぶスウェーデン

実は是永先生の事前勉強会で、私が一番といっていいほど感動したポイントがある。それは、スウェーデンでは、6歳で学校が始まる時から、学習指導要領を子どもにまず説明するというのだ。自分がこれからどんなカリキュラムで学習するのか説明を受けて、理解してから勉強が始まる。「なぜ今これを学ぶか」から学ぶ。それも、どんな障害がある子にも例外なく、カリキュラムの説明をするという。言語理解が難しい子には、平易な言葉に加えて、絵や図を用いて説明するとのこと。是永先生のお話では、「子どもは学ぶ意味を知っている。だから親が子どもに勉強しなさいと言う必要はない」とのことだ。

障害者権利条約以前に、子どもの権利条約に書かれている子ども主体の教育のあり方が、本当に実践されている！　こんなに信頼されて学びを始める子どもとはなんて幸せなんだろう……。

日ごろ、日本の学校教育では、特に中学段階になると、「子どもへの信頼・尊重」を欠いていると思う場面が多々あるため（厳しい校則しかり）、スウェーデンの話に深く感動してしまった。また子どもの権利条約で求められる子どもの意見表明権の保障のためにも、子どもへの十分な情報の提供、それも子どもの年齢などに合ったやり方での提供は当然に必要な前提となろう。

子どもは皆、年齢や障害の有無にかかわらず、その子なりの理解の仕方で、大人の話を受け止める。「話」だけでなく、大人の態度、振舞い、姿勢、そういうものから大切なことをしっかり理解する。

大切なことは、「何を教えるか」よりも、「どうあるか」なのではないか。学校という場がどうあるか。

教師の姿勢がどうあるか。席に座っていられない子を外につまみ出す大人の姿を見たら、子どもたちは確実に、「ああいう子は排除していい」ということを学ぶ。それでいて、道徳の時間にアイマスク体験や車いす体験をして「共生社会」について学んだって、どれだけの意味があるだろう。

教育において大切にされなければならない原則はいくつもあるだろう。スウェーデンは、その中で、「排除しない」ということを最上位に置いている国なのではないか、と感じた。それは排除により不利益を被《こうむ》るのは、排除される子だけではないことを知っているからではないか。1982年に採択された世界行動計画で謳《うた》われた、「ある社会がその構成員のいくらかの人々を締め出すような場合、それは弱くもろい社会である」という文言を、実感を持って実践しようとしているということなのかもしれない。国際人権法が命を輝かせて息づいている社会を、日本も目指したい。

3. ノルウェー

(一) ノルウェーのインクルーシブ教育概略

ノルウェーでは、初日に首都オスロ近郊の小学校に視察に行った。これは、分かれることなく6人の弁護士全員で参加した。

事前に是永先生に学習会をしていただいたところ、ノルウェーのインクルーシブ教育の枠組はだいたい以下のようなものだった。

・特別学校はない（1992年に入所施設とともに廃止）。
・カリキュラムも1本のみ。

・通常カリキュラムでは難しい場合、個別計画が作られる（対象となる子は全体の5〜7％）。
・個別計画に基づいて、特別な支援として、学級の分割、複数教員によるチームティーチング、グループ指導、特別学級等を活用。
・専門的な支援が必要な場合は、市立教育心理研究所（ＰＰＴ）から専門家の巡回指導を受けることができる。個別計画策定にもＰＰＴが支援。
・視覚障害や聴覚障害がある子には、国立特別教育サービスや補助器具センターが国・県レベルで専門的支援を行う。

スウェーデンと違って、ノルウェーには特別学校がないと聞き、フルインクルージョンを期待して視察に臨んだ。ところがあちらでよく聞いてみると、特別学校がないというのは、国としては廃止したという意味であって、地方分権が進んでいるため、自治体が特別学校を作ることは禁じられておらず、実際には自治体立の特別学校があるということだった。それが視覚障害とか聴覚障害とか、どういった種類の特別学校なのかまではわからなかったが、子ども全体の０・７パーセント程が特別学校に在籍しているとのことだった。

ただし、地域の学校に行きたいのに拒否されることはない。

㈡　ローレンスコグ市のフェールハンマール小学校

視察した小学校は、1年生から7年生まで730人も子どもがいる巨大校で、周辺の学校を合併して、1年前にできたばかりということだった。

自閉症と知的障害のある子どもたちの特別学級があり、「バーサ」と呼ばれている。「バーサ」は、英

内部の様子

学校の外観

語の Base＝拠点といった意味。

個別教育計画を持つ子が26人（3・5％）。バーサの子は15人（2％）。

常勤看護師が二人いる。

校内の内装や家具のデザインがすべてお洒落で、それだけで圧倒される。

㈢　これってインクルーシブ教育の話？

まず学校の先生から、学校の教育方針について、パワポを使ったプレゼンを受けた。正直に言うと、この時のプレゼンを聞きながら、教育の一般的な理念や方針の話ばかりで、いつまで経っても「インクルーシブ教育」とか、「障害のある子にこんなことをしています」という話が出てこないことが不思議だった。私たちははるばるインクルーシブ教育の視察に来ているのに、とさえ思った。後から私のそんな浅はかな感覚を恥ずかしく思うこととなった。

（ア）「グルーム（GROM）」

この学校では、2〜3の大学と連携して「グルーム」というプロジェクトを行っているという。

「グルーム」は、ノルウェー語の表現の頭文字をとった名称で、良い関係と良い学校環境という意味だということだ。すべての子どもが前向きに学校生活を送り、学習できる環境を確保するために、学校はどのようにして子どもや教職員の間に共同体意識を築くことができるのかを課題とする。プロジェクトの目的は、どのように地域との連携をはかり、ポジティブな学校を作るのかということ。より具体的には、まずはいじめ対応、子どもの精神疾患対応、メンタルの改善、学習環境対応、そしてさまざまなニーズに対応すること、それらを総合してより良い環境を作るということを目的とする。

「グルーム」の具体的な中身として、まず「いじめ対応」が出てくるところに感動する。昨今、「多様性」という言葉がよく聞かれるようになった。特にＬＧＢＴＱという性的マイノリティへの差別のない社会を語る文脈で使うことが増えたと感じる。「いじめ」とは、自分と他者との違いに気づくところから始まる、と大阪の豊中市でインクルーシブ教育を実践する教員の方から教わった。多様性とは、差異や個性の尊重により確保されるものだが、「差異」のあるところにはいじめの「芽」が生まれる。多様性、差異、いじめ。これらはセットなのではないか。だとすれば、多様性とかインクルージョンとかいう時に、ただそういうプラスのものだけが単体で存在することはなく、いじめの「芽」とセットであることを強く認識しておく必要がある。インクルーシブ教育を目指す時、「いじめ対応」は絶対的に必要なことであり、それは、差異や個性の尊重や異なる者への寛容といった概念の共有ともセットである。逆に言うと、「いじめが起こるから、障害のある子は別の教室（学校）で集まっていたほうがいい」というのも違う。これは、多様性に背を向けてどんどん逆方向へ進んでいく思考だと言える。その先にあるのは、狭量と不寛容、そして分断である。人の集団というものは、「差異」から学んで成長していかなければならない。

ここで障害者権利条約24条の一般的意見パラグラフ12を紹介したい。

パラグラフ12は、「インクルーシブ教育の基本的な特徴」として、（a）から（i）まで9つの項目を挙げた長いパラグラフである。（a）で「全システム」的アプローチ、（b）で「全教育環境」、（c）で「全人」的アプローチ、（d）で教員支援、そして、（e）で多様性の尊重と重視が挙げられる。
ここではこの（e）を紹介したい。

一般的意見4号パラグラフ12

（e）多様性の尊重と重視：学習コミュニティのすべてのメンバーは平等に歓迎され、障害、人種、皮膚の色、性別、言語、言語的文化、宗教、政治的及びその他の意見、国籍、種族的出身、先住民であること、あるいは社会的出身、財産、家柄、年齢、その他の地位にかかわらず、多様性を尊重されなければならない。すべての生徒が、高く評価され、尊重され、受け入れられ、自分の意見に耳を傾けられていると感じなければならない。また、**虐待といじめを予防**する効果的な措置を設ける。インクルージョンには、生徒への個別のアプローチが必要である。

一般的意見4号を初めて読んだ時から、その内容には感動していたが、この「多様性」の項目に突然いじめ予防が出て来る意味を、私は考えたことがなかった。北欧の後、大阪の豊中のインクルーシブ教育を視察し、前述の先生の言葉を聞いて何度も何度も反芻しながらうっすら見えてきたものが、読み返すと一般的意見に書かれていた。それから北欧視察報告を読み直すと、現地の先生の説明の中に、同じ意味を持つ言葉が書かれていた。こうしたことを繰り返しながら、パズルのピースが一つひとつつながっていくように、私のインクルーシブ教育への理解は少しずつ深まっていった。

（イ）ハートと脳

「グルーム」の具体的な方策の中で、特に印象に残ったものを紹介したい。

「まず教員が共通言語を持つこと」として、シーソーに乗ったハートと脳のイラストが示された。ハートは「気持ち・熱意」、脳は「理解・理性」を表し、二つのバランスが大事だということを示すイラストだった。「たとえばハート、気持ちに注目するならば、子どものハートの状態が良くない、たとえば、排除されるのではないかという懸念があった場合に、子どもの気持ちが落ち着かないというような状態が想定される」と説明された。

「このように、キーワード（共通の言語）を使って子どもたちの状態を理解することにより、一緒にどのように連携していけばいいのか、どのように子どもたちと学校を作っていけばいいのかを考えていく」とのこと。

知識偏重でなく、心の安心を大切にする理念や、子どもたちと学校を作っていくというスタンスが素晴らしい。子どもはお客様でも教育サービスの客体でもない、一緒に学校を作っていく主体なのだ。

（ウ）スーパービジョン

「グルーム」において、教員チームには、定期的に心理士からのガイダンス（助言）や面談が設定されているということだ。「どのように自分たちの学習環境、学級経営などを取り扱えばよいのかを話し合ったり、ただ違う人の意見を聞いたり、他のチームの取り組みを聞くことなどによって、自分たちの能力を高めていく取り組みである。それは、子どもに対する介入と、それ

「共通言語」としてのハートと脳のイラスト

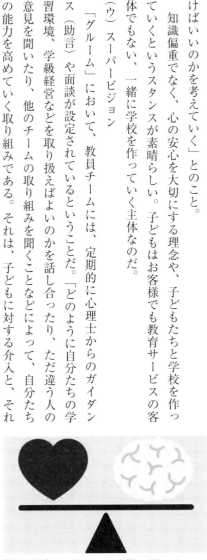

に対する反応などを見ながらよりよい教員の指導の方法を見つけることにもつながっていく」との説明だった。

日本ではとかく「学級王国」などと言われ、担任教師の学級経営に周りは口出ししないという暗黙のルールや、それゆえに担任教師が問題を抱え込みやすくなるという傾向がある。いつでも教師が周囲に助けを求められる環境づくりは重要だろう。そもそも日本には、「教員チーム」と呼べる実態はあるのだろうか。先生たちを孤立から救い出す方策が必要だ。

（エ）自分に価値を感じられるような教育

「グルーム」においては、子ども一人ひとりが学習環境において、自分の価値を感じられるようにするにはどうすればよいかを常に考える、ということである。

「私たちは個々が感じている価値や学びの環境というものを念頭に、個々を大事にしながら、集団で連携して学びの環境を作っていく」との説明だった。あっさり語られているが、個々を大事にする、その上で、集団で連携して学んでいく、これはインクルーシブ教育の肝となる部分だろう。

子どもはどうやったら自分が価値ある存在だと思えるだろうか。

逆に、どんな時に自分に価値がないと感じるかを考えてみよう。たとえばマラソン大会。1番、2番になる子はいい。ビリかそれに近い子どもたちにとっては、応援に来る親たちや地域の人たちに、ビリをさらされるだけの体験ではないのか。もちろん学校では、順位が問題じゃない、それぞれの目標達成を目指そうと教えるだろう。それならそもそも順位をつけなくてもいいはずだ。算数のテストでいつも低い点数しか取れず、ビリに近い子どもは、自分のことをどう感じるだろうか。算数を好きになれるだ

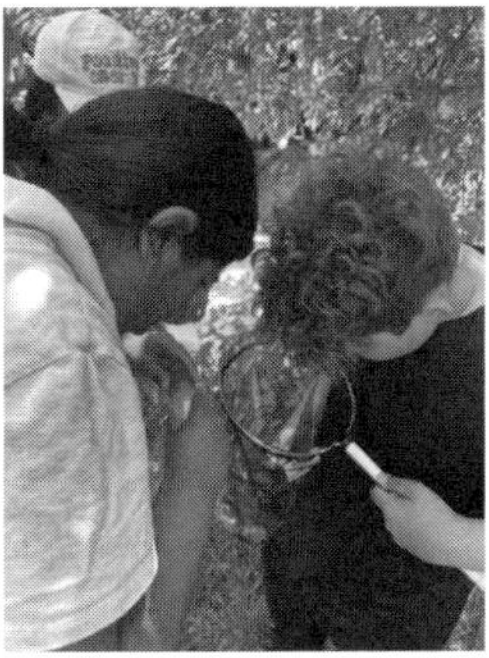
昆虫採集で理科を学ぶ

野菜を育てる学級農園

ろうか。順位付けというのは、運動嫌いや算数嫌い、勉強嫌いを量産する仕組みになっていないか。体育という教科の目的は、大人になってもときどき身体を動かして健康を維持できるように、運動に親しむことではないのか。運動嫌いを作ったらまったく目的に逆行する。

私も昔は、順位をつけることで、上位の子どもはご褒美をもらってもっと頑張ろうと思うというよい効果が一部あるんじゃないかと思っていた。でも今はそれも思わない。1番を取るために頑張る勉強なんて、その子の人生にとってどう役立つのだろう。学ぶことそのものの楽しみ、喜び、豊かさを教える学校であってほしい。1番を取るための勉強ではなく、知ることが楽しい、考えることが楽しい、みんなと意見交換することから刺激を受ける、そういう教育であってほしいと願う。

さて、ノルウェーの話に戻すと、ノルウェーでは、「価値ある自分」という自己認識を持てるように教育方法が工夫されているという。

「子どもたちは何人かでチームになってさまざまな活動に取り組む。そしてそのチームで屋外活動をしたり、そのチームの創造性を認めながら教育活動として組み込んでいく。たとえば、学級農園に関してみんなで取り組んでみたり、理科の時間に外で植物や昆虫などを採取したり探したりというような屋

森で文字を学ぶ

森のハンモックで読書

外での活動にもつながっていく」

「読み書きの練習をすることは、学級だけでするわけではない。時には森で読み書きの練習をすることもある。森の中でハンモックで本を読むこともあれば、森の屋外で外の地面に文字を置いて学習するということもある」

現地で受けた説明である。

野菜を育てながら、昆虫を捕まえながら、理科を学ぶ。森の中で読み書きの勉強をする。森のハンモックで読書にふける。どんな子どもでも知的好奇心を発揮しながら、参加意欲を持って、学習していけるような教育方法とはこういうものなのだろう。障害の有無によって、できるできないと振り分けられ、「できない」組に入った子どもが劣等感を抱えて自暴自棄になる……そんな事態を極力なくしていく教育を、試行錯誤している姿に感銘を受ける。説明の中では、「こうすることで障害のある子も楽しく参加できます」とかそういった言葉はいっさいなかった。しかし「価値ある自分」と認識できる教育というものの中に、インクルーシブ教育に必要な理念と手法がしっかり入り込んでいることに、視察から帰ってから徐々に気がついた。障害の有無ではっきり違いが出てくるような授業の組み方を、そもそもしないということだ。

日本だとすぐに、できない子に合わせたら、できる子が退屈するという意見が出てくるだろう。しかしインクルーシブ教育で重要なのは、どんな子も意欲的に学習に参加できる教育手法を開発していくことだ。教室の中でグループや個別の学習をすることで個々の興味関心や進度に合わせた勉強をするということだけでなく、みんなで一緒に野菜を作ったり昆虫採集する中で、それぞれが学習の喜びを感じられる、そんな教育方法を試行錯誤していくプロセスも、インクルーシブ教育だ。

競争で煽ってこそ子どもの能力は伸びる。こんな神話はもう崩壊しているのではないか。

（オ）インクルーシブ教育における「安心」とは

さらに、「どのような共同体を作るかという観点で考えたときに、まずは安心できる、自分の場所があるというハート（気持ち）の面を強調することが大事。また、学びが連携することを目指したプロジェクトであるとも言える」との説明を受けた。

この「安心」というワードの価値や意味を考えてみた。

ここでまた一般的意見4号のパラグラフ12を見てみたい。今度は（f）である。

> 一般的意見4号パラグラフ12
>
> （f）学習者に優しい環境：インクルーシブな学習環境とは、誰もが安心し、サポートや刺激を受け、自分の意見を表現できると感じるとともに、前向きな学校コミュニティの構築への生徒の関与が大いに重視される、アクセシブル[*5]な環境である。学習、好ましい人間関係の構築、友情及び受容においては、ピアグループ[*6]の存在が認められる。

＊5　アクセシブルは「利用可能」という意味で、段差の解消や、コミュニケーション保障（手話通訳、音声変換、文字盤利用など様々な形によるコミュニケーションの保障）などにより、障害のある人が利用可能であることをいう。

＊6　「ピア」は仲間で、「ピアグループ」は障害当事者同士の仲間のグループのこと。

「安心」というワードとともに、サポートを受け、刺激を受け、自分の意見を表現できるといったこと、また、学校コミュニティの構築に生徒が関与するとも書かれている。ノルウェーの実践はこれだったのか！　とまた膝を打ってしまう。

そして冒頭のイラストの「ハート」の説明では、こう言っていた。「例えば、排除されるのではないかという懸念があった場合に、子どもの気持ちが落ち着かないというような状態が想定される」

ここも、「安心」の捉え方が日本とは違うと感じたところだ。日本だと、「特別支援教室にいると安心」というように、同じ仲間といる、ここだと障害のない子と比較されない、いじめられることもない、そういう文脈で「安心」が語られる。ノルウェーでは、「排除されない」「自分はここにいてもいい」という安心感を子どもに与えることが求められている。普通学級を安心の場にすることに、全力を傾けてほしい。ある場所の中でだけ感じられる安心を、守り通そうとしないでほしい。そこは安心かもしれないが、同時に子どもに深い劣等感を与える場所であることを忘れないでほしい（ブラウン判決について57頁参照）。

特別支援学級が安心できる場であることは、普通学級が安心できる場でないことの裏返しに過ぎない。

㈣　学校内の見学

さて概説を受けた後、フェールハンマール小学校の授業の様子を見学した。まず自閉症と知的障害のある子どもたちの特別学級である「バーサ」から見て行った。「バーサ」は教室というより、広いエリアだった。

バーサには15人の子どもがおり、うち5人は特に障害が重い子だということだった。15人の子は、大

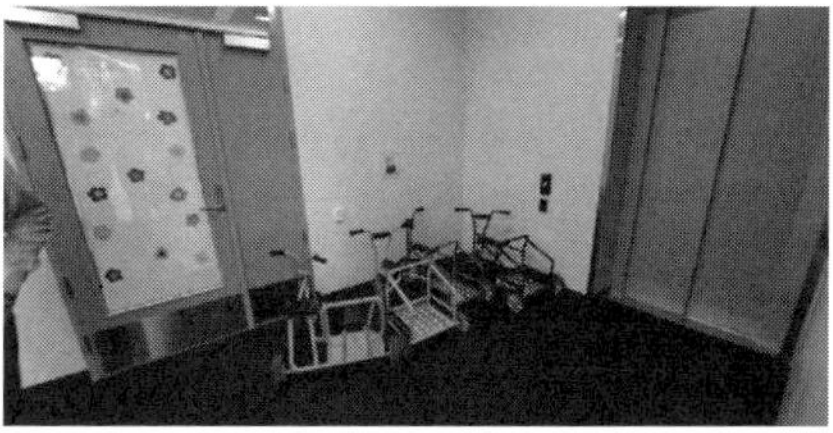

バーサの入り口

バーサのエリアのいたるところにキッチンがあったのが印象的だった

部分を普通クラスで過ごす子もいるということで、子どもによって、特別教育の内容が異なる。一人ひとりに個別教育計画があり、その中にその子に合った教育内容が書き込まれている。バーサには特別な先生がいるが、ノルウェーは特別教員養成をしていないので、資格とは連動していないものの、一定の研修を受けるとのこと。

バーサの子が通常学級の子どもたちと過ごす様子を見学した。あの子がバーサの子だよなどと教えてもらうが、見た目で区別はつかず、なじんでいる様子。バーサの子にアシスタント（支援員）がつく場合も、手を出しすぎない、できるだけ見守る、子どもたちに任せるというスタンスでついているとのことだった。

重度の自閉症の子のための小さな個室が八つほどあった。入り口の扉に子どもの顔写真と名前が貼ってあり、一つひとつの部屋は、その子どもに合った机、マットなどが配置されており、すべて異なる内装になっている。つまりその子仕様の個室になっている。1日当たり、1～2時間程度、アシスタントと一緒に個室に入り、落ち着いた時間を過ごすとのことで、調子が悪い時などは滞在時間が増えることもあるそうだ。

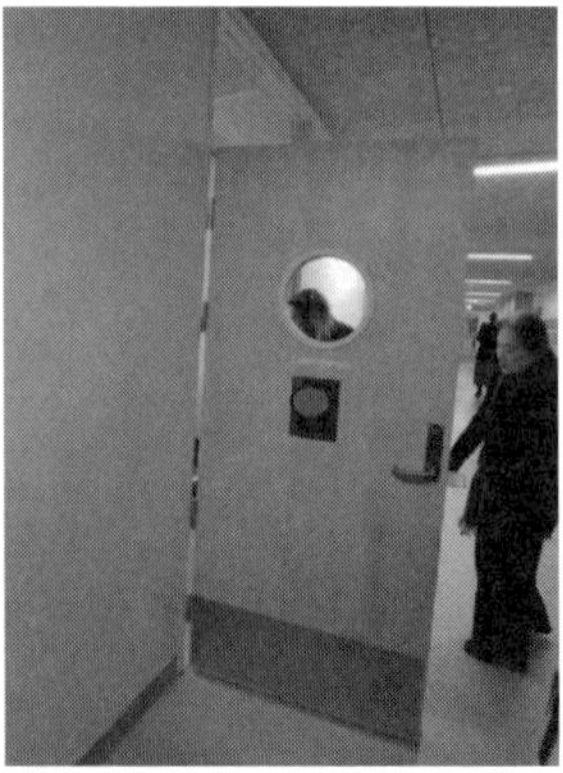

個室の扉に子どもの名前と顔写真が貼ってある。
部屋の内装が一つひとつ違い、その子に合わせた仕様になっている。

校内を歩いていると、途中の広い廊下で先生と子どもたちがいた。なんと、廊下で算数の授業をしているということだった。小学校3年生だった。

その中にも、バーサではないが障害のある子が二人いると言われたが、見た目にわからなかった。寝そべって勉強する子どももいた。スウェーデンと同じく、勉強する姿勢についてどうこう指導することはないようだ。

バーサ以外のADHDの子なども普通学級にいるので、そのような子どもが使う小部屋もあった。

次ページの写真のとおり、校庭の遊具は奇想天外で、わくわく感満載。視察団のメンバーが跳ねて遊ぶ風景もあった。ビーバーは近くの森に棲んでいるとのことで、ビーバーの滑り台があった。

㈤　質疑の時間

質疑の時間もなかなか有意義だった。

Q　障害のある子どもと皆一緒に学ぶことで障害のない子にとっ

なぜが廊下で授業

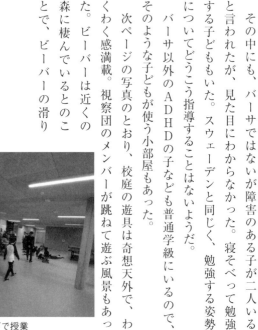

個別支援の部屋

さまざまな小部屋

独創的な校庭の遊具

てどのような教育的効果があるか、またその後、大人になってそれぞれの社会の一員として生きていくにあたってインクルーシブ教育が社会に与える影響はどのようなものなのか。

A　ノルウェーはそもそも分けないので、社会の一部にさまざまな人がいるということは前提。学習指導要領にも書かれているように、特定の誰というわけではなく、みんながより良い人間になることを目指している方向性の中で、障害のある子どもたちも含まれてくる。違うことは問題ではないと考えている。一緒にいるということが前提であって、障害がある人と普段から触れ合う、そういう姿を見ることで、良い社会になっていく。

Q　30年前の特別学校があった頃の子どもたちと、今、特別学校がない環境での子ども達に、どのような違いがあるか。

A　（a先生）私の経験で言うと、7年生で留年して何回も同じ学年を繰り返し進級できない、成績をパスできない人がいました。当時はそういう「できない子どもたち」がいたけれども、今はいろんな方法で評価するので、できるできないでは子どもを見ないと思います。

（b先生）能力というものを考えたときに、できるできないではなく、他の子どももいろんな能力がある、タレントや才能があるという評価をするので、競争ではなくて、それぞれの多様性・違いなどを認めながら教育を作っていくという形になってきていると思います。

（c先生）当時は、通常の学校に適応できない人がいて、その人は結局特別学校に行ったんだろうという形で別の場所で学ぶ子がいたように思う。その人はやはり別の学校なので全然接点がなくなってしまった。今はまったく違う。一緒の学校にいるというところが違い。

（コメント）家族も今の状態、つまりインクルーシブな状態に満足をしている。子どもが地域の学校に行くことで家族は仕事ができる。またコミュニティということでも違う。みんなが地域の学校に行く。一緒に学ぶことが前提。

Q　子どもの教育計画をどのように作るか、どういう頻度で見直したり変えていくのか。

A　まずIOPという個別教育計画について。個別教育計画は学級教員と特別教員が作る。一番その子をよく知っている人が作る。学級教員と特別教員が一緒に書いて、そして子どもと保護者の意見を聞くという段階を経る。見直す頻度は1年に1回が基本。もしその目標を到達していたのであれば、追加的な課題などを加筆することはできる。

㈥　国際人権法が息づく国々

個々の先生たちが自分の経験に照らして、自分の言葉でインクルーシブ教育を語る。その内容は、能力主義・競争主義から脱却し、子ども一人ひとりの個性を大切に尊重していることがよく伝わってくるものだった。「ノルウェーでは分けないのが当たり前」こんな言葉が日常で出てくる国。この国では、インクルーシブ教育はお題目ではない。権利条約や一般的意見に書かれている言葉は、訳語が難解であるせいもあって、理解しづらかったり、私たちにとって遠い世界の理想に見えてしまう。でもそれが本当に生命を持って社会に宿っている。

スウェーデンでもそうだったが、子どもの権利主体性をしっかり保障しているから、個別教育計画の策定には、保護者だけでなく子どもも参加する。

国際人権法が息づく国、それが北欧。目指すだけの価値があると思った。

4．統合とインクルージョンの違いを教えてくれた北欧

スウェーデンとノルウェーを視察して、一般的意見で言われている統合とインクルージョンの違いを、この目で見てきた気がした（繰り返すが、視察時にそう思ったのではなく、その後に勉強を積む中で、徐々にわかっていった）。

この二つの概念について私は、かつて「統合教育」と言われていたものが、いつからか「インクルーシブ教育」に変わった。そんな大雑把なイメージを持っていた。

「統合」とは、ただ普通学級に一緒にいることで、必要な支援を受けられなかったり、いじめられたりして、実は友達がいなかったり、孤立していたり、必ずしも幸福な場になっていない場合のことを言い、「インクルーシブ教育」は、必要な支援を受けられ、いじめもなく、仲間として受け入れられている場合をいう、というくらいの違いは認識していた。

でも何となく、統合をもうちょっと立派にしたのがインクルーシブ教育、くらいの緩い捉え方をしていたように思う。私だけかもしれないが。

そんな私が一般的意見で、統合について書かれた一連の内容を読んだ時、衝撃を受けた。パラグラフ11を紹介する。

一般的意見4号パラグラフ11

委員会は、排除、分離、統合及びインクルージョンの違いを認識することの重要性を強調する。排除は、生徒が直接的または間接的に、何らかの形態の教育を享受する機会を妨げられたり、否定されたりするときに発生する。分離は、障害のある生徒の教育が、特定の機能障害やさまざまな機能障害に対応するために設計され、あるいは使用される別の環境で、障害のない生徒から切り離されて行われるときに発生する。統合は、障害のある人は既存の主流の教育機関の標準化された要件に適合できるという理解の下に、彼らをそのような機関に配置するプロセスである。インクルージョンには、対象となる年齢層のすべての生徒に、公正な参加型の学習体験と、彼らのニーズと選好に最も合致した環境を提供することに貢献するというビジョンを伴った、障壁を克服するための教育内容、指導方法、アプローチ、組織体制及び方略の変更と修正を具体化した制度改革のプロセスが含まれる。たとえば組織、カリキュラム及び指導・学習方略などの構造的な変更を伴わずに障害のある生徒を通常学級に配置することは、インクルージョンにならない。さらに、統合は分離からインクルージョンへの移行を自動的に保障するものではない。

まず、「統合は、障害のある人は既存の主流の教育機関の標準化された要件に適合できるという理解の下に、彼らをそのような機関に配置するプロセスである」という日本語が大変わかりにくい。私なりに解説すると、障害のある子が普通学級の条件に適合できる前提で、つまり何の支援も入れず、障害のある子を普通学級で学ばせること、それが統合だ。

そして一般的意見は、インクルーシブ教育を定義するのではなく、「インクルージョンには、〇〇が含まれる。」という書き方をしている。これは、試行錯誤により進化していく教育内容を将来的に包含できるように、オープンな形で解釈を示したものと考えられる（障害者権利条約が「障害」を定義しなかった考え方と同様である）。

インクルーシブ教育の内容は例示されている。たとえば、参加型の学習体験。また、ニーズと選好（好き嫌い又は「選り好み」のことである）に合う環境において、障壁（バリア）を克服するための教育内容・指導方法・アプローチ。

そしてインクルージョンとは、制度改革のプロセスをも含む概念であるという点が重要である。

さらに、「組織、カリキュラム及び指導・学習方略などの構造的な変更を伴わずに障害のある生徒を通常学級に配置すること」とは、統合のことであり、これは、「インクルージョンにならない」と釘を刺している。また逆から言うと、インクルージョンと言うからには、それは、組織、カリキュラム及び指導・学習方略などの構造的な変更を伴うものでなければならない、ということになる。

最後に、「統合は分離からインクルージョンへの移行を自動的に保障するものではない。」とあるのは、強烈だ。分離からインクルージョンへ移行する途中の過程に「統合」があってもいいのかなという甘い目論見が打ち砕かれる。私はこれは、分離から統合へ（＝とりあえず普通学級に入れる）、そしてインクルージョンへ（＝入れてから必要な支援を考える）という順番で進めることもいけない、途中段階であっても統合は絶対にダメだ、と宣告されているのだと受けとめる。

パラグラフ12は、その後の（i）監視として、「継続的なプロセスとして、インクルーシブ教育は、公式・非公式を問わず、分離も統合も起きていないことを確かにするために、定期的に監視され、評価されなければならない」とも述べている。これにより私は、分離が絶対にダメなのと同じ比重で、統合もダメなのだ、ということを思い知らされた。

「統合」が完全否定されていることを十分に確認すると、私の気持ちはすっきり整理された気がした。ぶれずにインクルーシブ教育を目指していくしかない、と進むべき道が目の前に見えてきたような感覚だ。この世にはびこる「インクルーシブ教育」への批判ないしネガティブなイメージ、それはすべて、実は「統合教育」に向けられたものと考えるとぴったりくる。

こんなふうに一般的意見は、ちょっともやっとしていた曖昧な理解や誤解を、すべて完全に払拭して整理してくれた。優れた国際文書である。

スウェーデンでもノルウェーでも、見てきた限りどこにも統合は存在しなかった。受け入れるからにはしっかり支援し、理解し、尊重し、仲間として学校コミュニティを作っていく。「とりあえず置かれている子」はいない。障害の有無を問わず、一人ひとりが自分らしく伸びていくために、学校も教員も一丸となって取り組む。「誰一人取り残さない」というＳＤＧｓの理念を本気で目指すとこうなるのか、とも感じた。

条約や一般的意見を読み、視察報告を作成し、また資料を読み返し……という作業の中で、国際人権法に書かれていることが、スウェーデンにあった！　ノルウェーにあった！　という感動を多々味わった経験を、少しでも皆さんと共有することができていたら嬉しい。

補論

Ⅱ、日本で育まれているインクルーシブ教育の今

柳原由以

1. にぎやかなイタリアの小学校

私は、弁護士になる前から、インクルーシブ教育に興味があった。その根底にあったのは、優等生として過ごさなくてはならなかった義務教育の窮屈さへの反発だったかもしれない。母の仕事で関わる脳性麻痺を持つ方々（知能は同じように持っているが、うまく身体を動かせないから話が難しい子たちだと教わっていた）が、普段どんなことを思っているのかという純粋な知的好奇心もあったと思う。とにかく、「いろんな子がいていい」というのであれば、なぜ障害を持つ子たちを分けるのかという思いをもっていた。

司法試験を終えて、受かっているか落ちているのかもわからないままに、もうやれるところまでやったのだし、勉強する気力も起こらないから、自分の関心があることに首を突っ込んでみたいと思い、インクルーシブ教育をやっている弁護士を探して出会えたのが大谷先生だった。「今度ここで講演がある

から」「熊本の勉強会にぜひいらっしゃい」と、各所に連れて行ってもらった。あれから15年強が過ぎたが、座学で教えてくれたことはついぞなく、いつも、背中を見せることで「ついてこい！」と言われていたような気がする。

いろいろな思い出があるけれど、大谷先生の、大阪の実践を守り・広めよという言葉を受けて、まず、大谷先生と見てきた大阪の実践を書いておきたいと思う。

そのまえに、イタリア視察に少し触れたい。日弁連で、黒岩弁護士や大谷先生と一緒にイタリアに行ったのは、２０１４年のことだった。日本の、それも東京の公立学校しか知らなかった私は、イタリア・ボローニャの小学校へ行き、そのカラフルでパワフルな学校の様子に驚いたことをよく覚えている。

ダウン症の子やパニックを起こす子にサポート教員がついている説明や、地域のどんな子も受け入れますと言った校長の話もさることながら、印象に残ったのは自由な雰囲気そのものだった。まず、教室が整っていない。壁にも、天井にも、生徒たちの作った作品が飾られ、吊り下げられ、「これが勉強をする環境なのか?」と思ってしまうような状況である。机は、2~3人で一グループとなって横に並んでいるが、右の横列と左の横列の列が一直線上にあるわけではないし、前の列と後ろの列の端が揃えられているわけでもない。私の通った小学校では、ビニールテープで各机を並べる場所の印がつけられ、左右上下とも整列していることは当たり前で、教室というものはそのように整然としたものだと思っていた。

机の上も、にぎやかである。くどいが、私の小学校のときは、授業ごとに出すものを指定され、「必要のないものは机にしまってくださ〜い」「今、＊＊出す時間じゃないよぉ」と指示されたように思うのだが、イタリアの学校では、関係のないものが机に出ているかどうかは、まったく気にされていないようだった。当然ながら、「文房具にキャラクターは控えてください。筆箱はマグネットタイプのものをご用意ください」などという要請はなく、イスに吊されている各自のリュックも、机に出された大きな筆箱も、色とりどりである。子どもたちの髪の色も髪質もまちまちだった。授業中に教員によって日本の弁護士が見に来たのよ、と紹介がされると、子どもたちは興味深そうにこちらに視線を向け、大谷先生を先頭に、みんなわらわらと教室内を歩き回って生徒の様子を観察し、子どもたちは何事かと声を上げる。

にぎやかであった。「見学者が来ますが、みなさんはいつもどおり授業に集中してください」と先生から指示がされ、我々は、クラスの子が先生の話を聞いている授業の様子を後ろから授業の邪魔にならないように見学するのだろうと思っていた私にとって、教室内をうろつきながら、楽しそうに子どもに笑いかけるという授業見学の体験は、学校文化そのものの違いを実感させられるものであった。

ただ、その学校見学を経て大谷先生が言ったのは、「日本でもやっているところはこれ以上にやっている」であった。「結局重度の子はほとんど保健室にいるじゃない」「パソコンの時間は、別クラスで料理実習をしていた」「日本でもできるところを見てほしい」。

そんな大谷先生の言葉を聞いても、私にはピンとこなかった。学校教育というのは、日本全国で均一化していると思っていたので、「先生方の時代はそうかもしれませんが……」くらいのことを思っていたのかもしれない。

2．イタリアを超える日本の実践

ならば連れていくしかない、と思われたのだろう。

２０１８年に、東京の弁護士を中心に、大阪の箕面市の視察が決行された（私は行けなかったが、滋賀県大津市の保育園視察も行われた）。

箕面市の中学校では、医療的ケアが必要な男子生徒が、クラスで英語の授業を受けている様子や、教職員、親の会などの話を聞く機会を持った。

さらには日弁連で、２０２４年に再度大阪視察が決行された。

大阪視察を通じて私が感じているのは、もはや、教育文化が違っているということであった。まさに、インクルーシブ教育の実践は、「通常学校の文化、方針及び実践を変革することを伴う」（一般的意見4号パラブラフ10（d））ということを、54義務化、つまり昭和54年の養護学校義務化から40年余りをかけて、「共に」学ぶことを保障している現場を通じて感じた。

たとえば、２０２４年に大阪視察を企画した時、大阪の弁護士からは、視察先の小学校について「別にニュースに取り上げられているような学校ではないし、特別なことはしていないよ。普通のことだよ」と言われていた。

けれど、そもそもその「普通」が、まったく違ってしまっているのである。

視察先の大阪市の小学校の教室を覗くと、１クラスに2名も3名も大人がいる環境で、授業が進行している。サポートで入っている大人も、誰か一人についているというよりは、全体を見ながら、必要な子の手助けをしている。その意味では確かに、障害児個人に個別に支援員がついていたイタリアより、インクルーシブな実践がされていた。どの子が支援級に在籍しているのか、障害を持っているのか、こちらからはわからない。

さらには、支援級の教室に子どもがいない。校長によれば、その学校には全部で八つの支援級があるということであったが、それだけの箱モノはそもそも用意されていない。すべての子どもを普通級に受け入れるからこそ、八つの支援級が実現できたのだろう（支援級用の教室は案内された限りでは2つあり、うち一つは、数人の高学年の子が算数の授業を受けていた。算数の時間が終われば、みんなのいる教室に戻るという）。東京の普通学校で、八つの支援級が開設されている学校は聞いたことがない。それどころか、私が知っている限りでは、「障害がある」という共通点でくくられた「支援級」という箱の中で、支援学級に在籍する様々な学年の学生が同時に授業を受けている。支援級は、学年ではなく障害種別に応じてクラスが作られるので、1年生でも3年生でも、知的障害であれば知的の支援学級に入ることになるのだ。

私は、小学校との連絡役をしてくれた大阪の弁護士に、「東京ではこれは全然普通じゃない」「東京の学校の支援級というのは、私が知っている限りでは、そもそも下駄箱から分かれている。「学びの教室」とか「ひまわり教室」などの個別の名前がつけられていて、支援級の子は登校したら、まっすぐにその教室に行く。支援級の子が「2年1組」とか「4年2組」の下駄箱に靴を入れて一緒に朝の会をして授業を受けて給食を食べるということはされていない」と伝えると、大阪の弁護士から「東京の支援学級を視察しないと、イメージしがたい」と返ってきた。

3．大阪が守ってきたもの

なぜ、大阪でこれができるのか。

それは、54義務化時代から、すべての子どもを地域で、という運動が行われてきた歴史的経緯に裏づけされたものであろう。その歴史を踏まえ、現在において大阪の教育の強みは、保護者・教職員・教職員組合・教育委員会が、学校現場で話し合うことの重要性を共有し、つながり続けていることだと私は感じている。

東京で、学校交渉をしていると、「話し合いができない」壁にぶつかる。

親が、学校に、「クラスで子どもが受け入れられていない」と相談をしても、教育委員会からは「教育委員会は、学校に指導できる立場にない」と言われる。それどころか、子どもが疎外感を感じているならと「転校されますか？」とすすめてくる。

そして、「学校が転校をすすめてくる」と弁護士に相談が来る。

弁護士として相談に入って感じることは、学校現場で、知恵を出し合って、子どもを受け入れる、一緒に学ぶ方向性を模索しようという話がされていないということである。保護者から担任に相談があった後に、学年主任や校長などと一緒に、どうしたらいいのかを相談・検討していないケースは多い。そのような検討がされて、一緒に「どうしたらこの子がクラスにいる実感を持って学校に通えるようになるのか」を親と一緒に話し合えていれば、そもそも弁護士に相談は来ないだろう。

「担任による」というのはよく言われる。

担任の先生が、この子は本来支援級にいるべき子だという態度で接したり、その子の特性を理解せずに「みんなと同じように」することを求めると、障害を持つ子どもはクラスメートに受け入れられず、本人も学級にいることがつらくなる。

他方で、担任がその子の特性を踏まえたうえで「この子もクラスの子だ」という視点で集団を育てようとすれば、他の子どもたちも、自然とその子どもをクラスの一員として受け入れていくと……。

確かに、担任の力量は大きいと思う。

しかし、担任だって一人の個人である。接したことのない「障害をもつ子ども」を受け持って、30人余りを一斉指導しろといわれて、対応できる人の方が少数だろう。分離別学体制が40年続いていたのだから、いきなり一緒に！　合理的配慮！　と言われても、どうするのか、見たことも聞いたこともないのである。

必要なのは、担任が、管理職や学年主任に率直に相談し、連携を求められる環境であり、現場の教職員の悩みを共有して、保護者も教師の不安を受け止め、トライアンドエラーを重ねながら、共に子どもを育てていこうとする連携・対話の関係性である。

そして、大阪にはそれがあった。私が話を聞いた校長は、「自分は組合の役職まで行った。けれど、学校で管理職に就くので、組合をやめなきゃいけなかった。そのことを、東京から来た教育委員会の職員に話したら、組合をやっていた人が校長になれるのかと驚いていた」と話していた。市教委と話をしたら、「教職員組合の意見も聴きながら」という発言が出てきて、私は本当に驚いた。

保護者は「完璧は求めてない。何かあった時には全力で対応してもらえると思えるので、学校を信頼して預ける」と話し、実際、運動会の練習でバギーを押した教師が本気を出しすぎて、バギーが転倒し、救急車を呼んだ時は「本当に怖かった」と回想しながら、当時の担任と話していた。

学校の長にあたるものが、教員が連携することの重要性を認識しており、障害を持つ子どもの対応について、教師を孤立化させず、保護者と職員と学校が話し合いながら教育を行っている（実際、障害を持つ子の教育実践において保護者と教員の情報共有は重要である）。

校長自身が「共に育つ」ことの重要性を認識している。大阪視察時、豊中市の校長が、全盲の生徒が入ってきたときに「よく来てくれたね！」と迎えたと話してくれた。匿名で「あんな子（入学してきた全盲の子）がいたら周りに迷惑がかかる」と電話があったことに対して、「こんな電話があった！　悔しくてたまらない。お母さん、この子がいることは、みんなにとって宝になる」と話したとも言っていた。校長自らが障害のある子を歓迎し、それによって生じる困難も含めて「やってみろ」と担任を励まし、育てようとし、保護者に対しても「一緒にやっていきましょう。お子さんがいることでみんなが学べることがある」といい、連携のコアとなる。

そして、就学決定や予算についての権限を持っている教育委員会が、教職員組合の意見を聞いて教育行政を行っている。それは、目指すべき方法、さらに言えば、取り戻すべき方向なのではないか。

4．能力主義からの脱却を

54義務化から、大阪が戦ってきた40年強の間、教育現場から話し合いは失われ、上意下達が強化されてきた。

強制することは考えていないとして制定された国旗国歌法[*1]は、成立してしまえば、あれよあれよと言う間に公教育の場で国旗掲揚・国歌斉唱が定められ、「教育とは自分で考えることであり、上に言われたことをやれというのは教育ではない」「国旗国歌という思想信条に関するものを、何の説明もなく歌えと生徒に強制できない」という真っ当な教育者は、処分を受けて、現場から排除されていった。

時を同じくして、職員会議については、二〇〇〇（平成12）年の改正によって学校教育法施行規則第23条の2[*2]が新設され、校長が主催する校長の補助機関であるとされた。これによって、それまで職員会議で議論をして民主的な決定を行っていた学校において、職員会議がたんなる校長からの報告事項の伝達機関になってしまった。

さらには、校長のつける勤務評価が、教員の給与に影響するようになった。[*3]

教育現場からは、徐々に闊達な議論の場が失われ、話し合って取り組むことができなくなってきていた。

その背景にあるのは、能力至上主義である。

そもそも、義務教育をどうするかの中で、特殊教育は分離すべきだと

＊1　第145回国会　衆議院　本会議　第41号　平成11年6月29日
https://kokkai.ndl.go.jp/simple/detail?minId=114505254X04119990629
内閣総理大臣 小渕恵三
「国旗及び国歌の強制についてお尋ねがありましたが、政府といたしましては、国旗・国歌の法制化に当たり、国旗の掲揚に関し義務づけなどを行うことは考えておりません」

＊2　現行学校教育法施行規則48条
48条　小学校には、設置者の定めるところにより、校長の職務の円滑な執行に資するため、職員会議を置くことができる。
2　職員会議は、校長が主宰する。

＊3　従前は、教員の勤務成績の評定と給与・人事は連動しないとされてきたが、2000年に東京都教育委員会が、能力と業績に応じた適正な人事考査を導入し、地方公務員法及び地方独立行政法人法の一部を改正する法律の2014年改正により、2016年から業績評価と能力評価からなる勤務評価が各自治体に義務付けられ、その評価結果が任用や給与上の措置などの処遇に適切に反映させることが文科省により推奨された。

する理由について、１９６１（昭和36）年当時、文科省は次のように述べていた。*4

「50人の普通学級の学級経営を、できるだけ完全に行うためにも、その中から、例外的な心身の故障者は除いて、これらとは別に、それぞれの故障に応じた適切な教育を行う場所を用意する必要があるのです。

特殊教育の学校や学級が整備され、例外的な児童・生徒の受け入れ態勢が整えば、それだけ、小学校や中学校の、普通学級における教師の指導が容易になり、教育の効果が上がるようになるのです」。

高度経済成長の中で、国際競争力に通用する力（それは、語学力を含むコミュニケーション能力であったり、抽象概念を理解できる分析・思考能力であったりするだろう）を伸ばすことが求められ、学校において重要なのは、社会に出て役に立つ能力を伸ばすことであるとされてきた。

しかし、今の教育現場を見ると、競争力をつけるための能力を求める反面、個々に目を向けること、心を大切にすることがおろそかにされていったのではないだろうか。

その結果として、教育現場から話し合いが省かれ、新人教師が、異なるものが共に過ごすことで生じる摩擦、葛藤と向き合うことを学ぶことができずに、精神を病み、離職者が増える中で、衝突・トラブルが起きてしまったらとにかく分ける方向が強化されてきてしまったように思う。

しかし、そろそろ、能力主義は限界にきている。

高度経済成長のもと、能力のあるものは最大限にその能力を伸ばし、豊かなものが豊かになれば、その恩恵は全体に広がるというトリクルダウン理論のもとみんなで豊かになってきた時代はとうに終わった。

失われた20年、30年と言われる経済低迷期の中で、多くの人は、現状をベースとした安定した生活を

＊４　文科省「我が国の特殊教育」（1961）５頁。

求めるようになっている。成長はせずとも、背伸びをしなくても、そのままの自分で、人とつながりながら安心して暮らしていければと願っている。

そんな中、30~40人の学級でみんなが同じことができることを求め、テストを繰り返して成績をつけ能力を伸ばすことを至上とした教室運営に、さらには、校長によって教師も成績をつけられ、成績と給与が連動するようになった今の学校体制に、やはり、多くの人が違和感を抱くようになっている。

義務教育段階の生徒は、少子化で減少しているにもかかわらず（2010年の1040万人が、2022年時点では952万人と約1割減少している）、特別支援学校、特別支援学級・通級という分けた場所で学ぶ生徒は2倍に激増している。

特に、いわゆる発達障害と呼ばれる子のうち、知的な遅れのない子が通うとされる自閉症・情緒障害学級への就学数の増加が著しい。

この点については、国連子どもの権利委員会から、発達障害が急増していることについて、非医学的・社会的な要因がまったく検討されておらず、根本的な研究が行われるべきであると勧告を受けている。[*5] 要するに、これだけの生活上・行動上の問題があるという人が増えているという背景には、単に医学的な診断基準によって増えました、ということではなく、政策の変更や、「変わった行動」が社会に受けいれられにくいといった文化的・社会的要因があるのではないか。その点をしっかり研究しなさい。さらに言えば、医学的基準を頼りに子どもに発達障害という診断をして、安易な薬物

＊5　国連子どもの委員会　第4回第5回総括所見
パラグラフ34（d）／子どもが注意欠陥·多動性障害をともなう行動上の問題を有している旨の診断および精神刺激薬によるその治療が増加している一方で、社会的決定要因および非医学的形態の処遇が等閑視されていること。
　パラグラフ35（e）／注意欠陥·多動性障害を有する子どもの診断が徹底的に吟味されること、薬物の処方が最後の手段として、かつ個別アセスメントを経た後に初めて行われること、および、子どもおよびその親に対して薬物の副作用の可能性および非医療的な代替的手段について適正な情報提供が行なわれることを確保するとともに、注意欠陥·多動性障害の診断および精神刺激薬の処方が増加している根本的原因についての研究を実施すること。

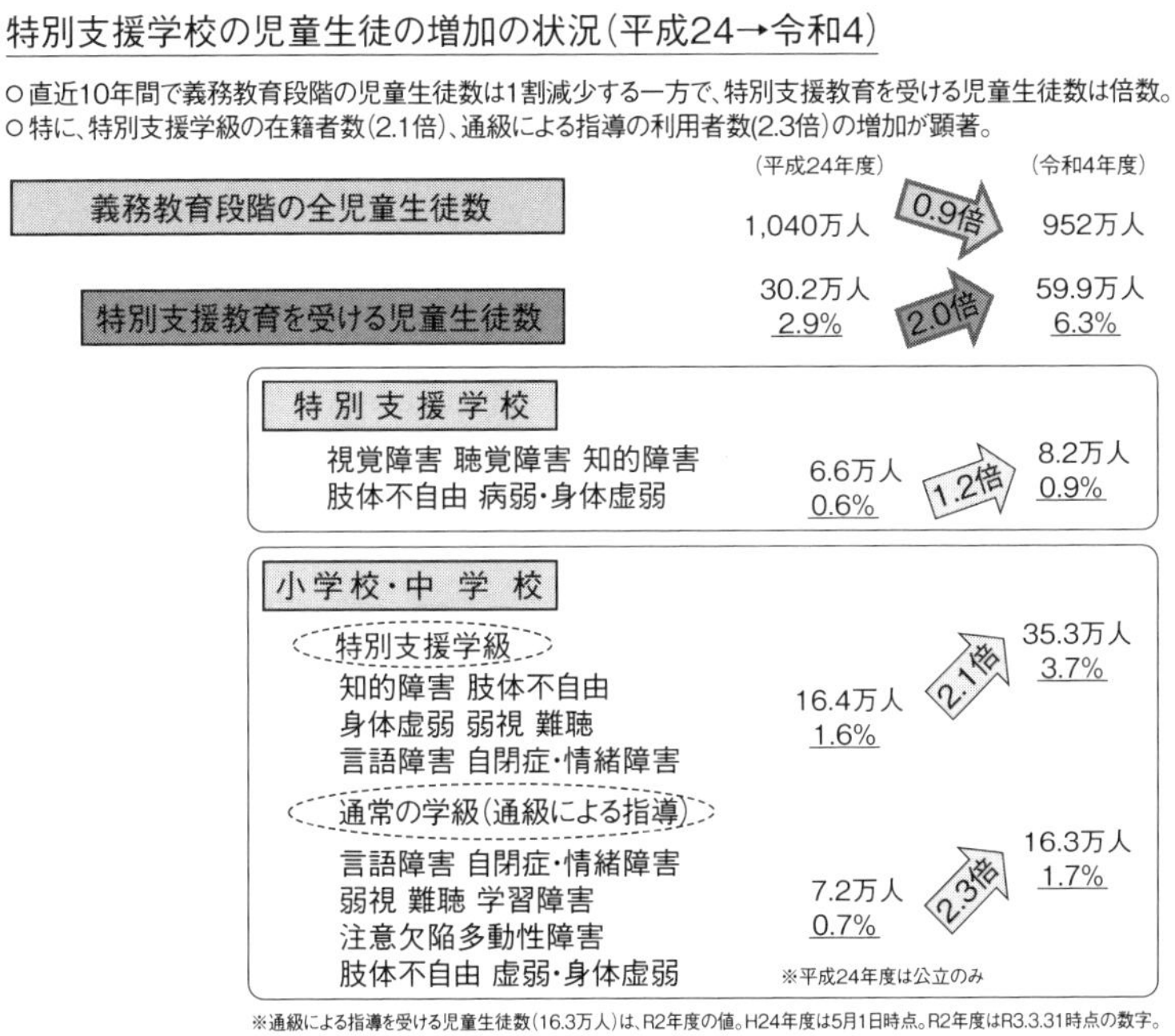

出典：文部科学省　https://www.mhlw.go.jp/content/001076370.pdf

投与によって問題を解決しようとすることは、子どもの権利を侵害するものではないか、と言われている。

　不登校児の増加もとどまるところを知らず、2012（平成24）年に約13万4000人だった義務教育段階の不登校児は2022（令和4）年に約30万人、2023年には約35万人と激増している。

　これは、子どもたちからの「今の普通学級は安心して通えない」というSOSととらえるべきではないか。

　子どもたちは、自分たちが育っていくにあたって、自分たちと異なる子を分けることを望んでいるのか？　みんなが同じような均質的な環境で、みんなと同じように育ててほしいと、子どもたちは求めているのか？

特別支援学校の児童生徒数・学級数

特別支援学級在籍者数の推移（各年度5月1日現在）

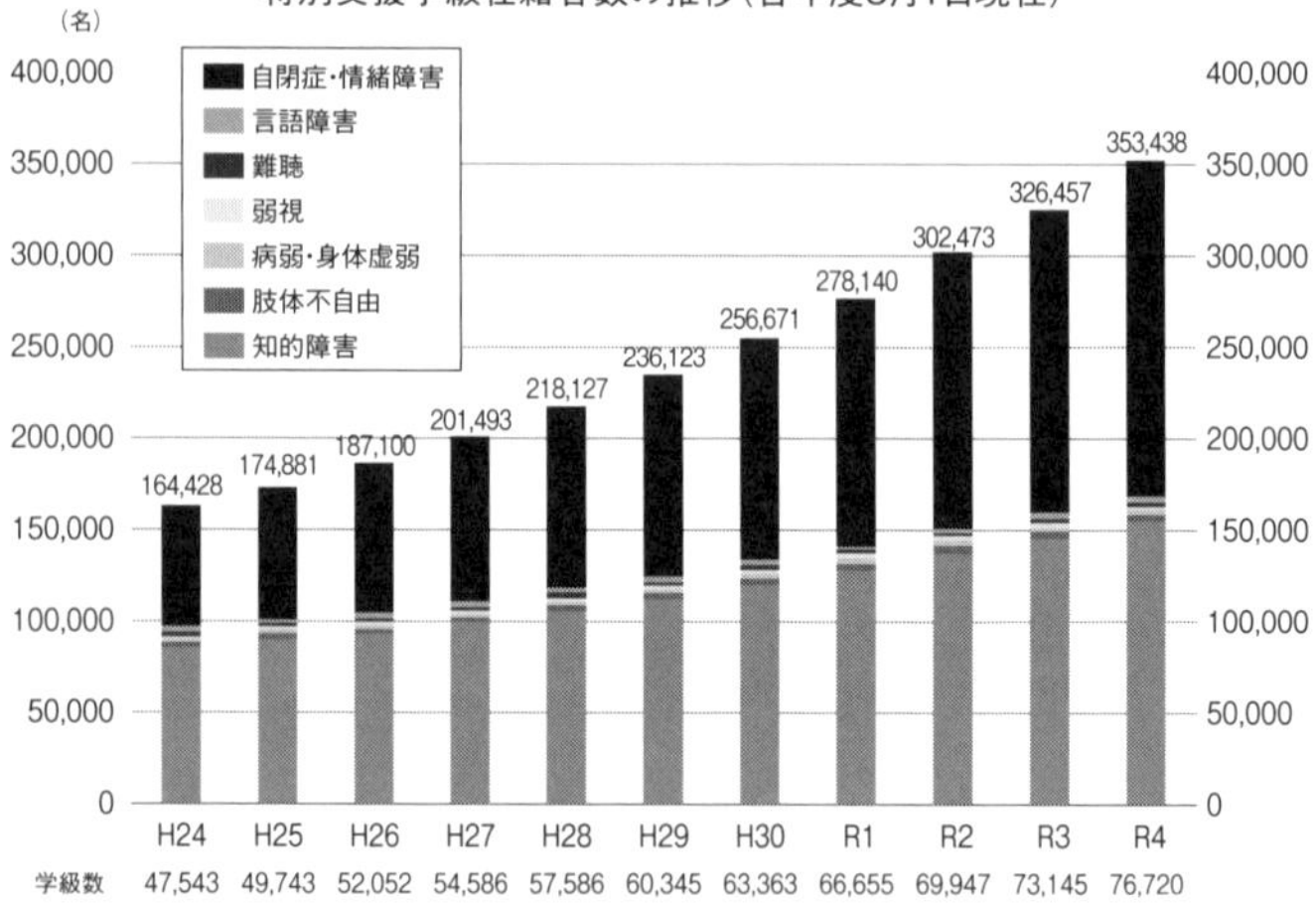

【令和4年度の状況】

在籍者数	知的障害	肢体不自由	病弱・身体虚弱	弱視	難聴	言語障害	自閉症・情緒障害	計
学級数	32,432	3,159	2,968	558	1,401	687	35,515	76,720
在籍者数	156,661	4,539	4,705	638	1,945	1,331	183,618	353,433

出典：文部科学省　https://www.mhlw.go.jp/content/001076370.pdf

　いじめられた時に子どもたちが望むのは、分けられて守られることなのだろうか。

　いじめた側といじめられた側との話を相互に聞いて、どこに問題があったのかを整理し、お互いの違いについて理解する道を探り、大人の見守りの中で「違う」ことを受け入れながら、相互に傷つけ合わない距離感を学ぶ能力を身につけることをこそ、望んでいるのではないか。

　できない課題があった時に子どもたちが望むのは、できる子たちと分け「できなくてもいい」環境で守られることなのか。誰にでもできないこと、得意不得意があることを学び、できないことがある場合には「助けてもらう」こと、できない人がいた時に「助けること」を学び、一人ではできない課題も、複数で課題を達成する道があるのだということを学ぶことが、社会に出ることの安心感につながるのではないか。

そう考えていったとき、障害児がいることこそ、学級全体で多くのことが学べることに気がついてほしい。それはもしかしたら、障害がある人と過ごしたことのない人には想像しがたいかもしれない。

「人の助けになること」は、自分自身をケアすることでもある。障害があり、できないことが明白な人の存在は、人間同士の縁をつなぐ力を持つ。そこにいることが、周りの人のコミュニケーションを発生させる。人を手助けすることで自分も助けられている感覚、人が助け合う中で自分も必要な時には助けてもらえると思えることは、これからの不安定な社会に出ていく子どもたちにとって、確かな安心感につながるものだろう。

インクルーシブ教育を受ける権利は、障害児だけではなく、すべての者にとっての権利である。能力に凸凹のある人がいるからこそ、助け合って生きることを学べる。

ピンチをチャンスに。

義務教育が、生徒からも、教師からも限界を感じる局面だからこそ、インクルーシブ教育が必要とされてきている。インクルーシブ教育は、障害児の問題ではない。すべての子どもたちの問題であることを、大谷先生の想いを継いで、伝えていきたいと思う。

巻末資料

資料1　国際社会の流れ

1970年代　ノーマライゼーションと脱施設化の流れ
1981年　国際障害者年・世界行動計画公表
1983年～92年　障害者10年の世界行動計画実施
　弱者を排除した世界は脆く弱い＝インクルーシブ宣言・医学モデルから社会モデルへの転換
1989年　子どもの権利条約（日本批准は1994年）
　・障害に基づく差別の禁止
　・障害児の教育への権利＝統合された環境
1990年　万人のための教育宣言
1993年　障害者の機会均等化に関する基準規則（10年の行動計画に代わるもの）＝原則統合
1994年　サラマンカ宣言＝インクルージョンこそが差別と闘う最適な権利
1998年　「子どもの権利委員会」第1回政府報告に対する勧告
2001年　障害者権利条約の策定に入る
2004年　「子どもの権利委員会」第2回政府報告に対する勧告
2006年　障害者権利条約国連採択
　・障害の定義を社会モデルとして明文化し、その基底に人権モデルを位置づけた。
　・障害による差別＝区別・排除・制限＋合理的配慮の不提供（障害者権利条約2条）

・一般原則としてのインクルージョン
＝a固有の尊厳、b無差別、d差異の尊重並びに人間の多様性の一部及び人類の一員としての障害者の受入れ、e機会均等と並ぶもの（同3条）
⇒人類の永遠の崇高な課題
Separate but equal⇒分離された教育設備は本質的に不平等。分けられたものに劣等感、分けたものに優越感をあたえる（1954年ブラウン判決）以降の世界の到達した人権水準
・合理的配慮の義務付け＝不提供は差別
・ありのままで尊重される権利を明記（17条）
・地域生活、施設生活を強要されないことを権利として認めた（19条）

・**教育はインクルーシブ教育（障害者権利条約24条）**

1　締約国は、教育についての障害者の権利を認める。締約国は、この権利を差別なしに、かつ、機会の均等を基礎として実現するため、障害者を包容するあらゆる段階の教育制度及び生涯学習を確保する。当該教育制度及び生涯学習は、次のことを目的とする。
(a)　人間の潜在能力並びに尊厳及び自己の価値についての意識を十分に発達させ、並びに人権、基本的自由及び人間の多様性の尊重を強化すること。
(b)　障害者が、その人格、才能及び創造力並びに精神的及び身体的な能力をその可能な最大限度まで発達させること。
(c)　障害者が自由な社会に効果的に参加することを可能とすること。
2　締約国は、1の権利の実現に当たり、次のことを確保する。

(a) 障害者が障害に基づいて一般的な教育制度から排除されないこと及び障害のある児童が障害に基づいて無償のかつ義務的な初等教育から又は中等教育から排除されないこと。

(b) 障害者が、他の者との平等を基礎として、自己の生活する地域社会において、障害者を包容し、質が高く、かつ、無償の初等教育を享受することができること及び中等教育を享受することができること。

(c) 個人に必要とされる合理的配慮が提供されること。

(d) 障害者が、その効果的な教育を容易にするために必要な支援を一般的な教育制度の下で受けること。

(e) 学問的及び社会的な発達を最大にする環境において、完全な包容という目標に合致する効果的で個別化された支援措置がとられること。

3 締約国は、障害者が教育に完全かつ平等に参加し、及び地域社会の構成員として完全かつ平等に参加することを容易にするため、障害者が生活する上での技能及び社会的な発達のための技能を習得することを可能とする。このため、締約国は、次のことを含む適当な措置をとる。

(a) 点字、代替的な文字、意思疎通の補助的及び代替的な形態、手段及び様式並びに定位及び移動のための技能の習得並びに障害者相互による支援及び助言を容易にすること。

(b) 手話の習得及び聾社会の言語的な同一性の促進を容易にすること。

(c) 盲人、聾者又は盲聾者（特に盲人、聾者又は盲聾者である児童）の教育が、その個人にとって最も適当な言語並びに意思疎通の形態及び手段で、かつ、学問的及び社会的な発達を最大にする環境において行われることを確保すること。

4 締約国は、1の権利の実現の確保を助長することを目的として、手話又は点字について能力を有する教員（障害のある教員を含む。）を雇用し、並びに教育に従事する専門家及び職員（教育のいずれの段階において従事するかを問わない。）に対する研修を行うための適当な措置をとる。この研修には、障害についての意識の向上を組み入れ、また、適当な意思疎通の補助的及び代替的な形態、手段及び様式の使用並びに障害者を支援するための教育技法及び教材の使用を組み入れるものとする。

5　締約国は、障害者が、差別なしに、かつ、他の者との平等を基礎として、一般的な高等教育、職業訓練、成人教育及び生涯学習を享受することができることを確保する。このため、締約国は、合理的配慮が障害者に提供されることを確保する。

2010年「子どもの権利委員会」第3回政府報告に対する勧告

パラグラフ59（e）

・障害のある児童を包容する教育のための必要な設備を学校に設置し、児童が希望する学校を選択し又は彼らの最善の利益に従い通常の学校と特別支援学校との間を転校できることを確保すること。

2016年「インクルーシブ教育を受ける権利に関する一般的意見」（2016年）発表

パラグラフ10　インクルーシブ教育はこのように理解されるべき

（1）すべての学習者の基本的人権である。

（2）全ての生徒が自分らしくあり、障害のある生徒の固有の尊厳と自立を尊重し、効果的に社会に参加し、貢献できる存在であることを原則とする。

（3）教育以外の人権を実現するための手段であること。貧困から脱し、地域社会に完全に参加する手段を得ること、すなわちインクルーシブな社会を実現するために主要な手段であること

（4）インクルーシブ教育を実現する過程で、全ての生徒に配慮し、インクルードすることによって通常の学校の文化、方針及び実践を変革することを伴うもの。

2019年　「子どもの権利委員会」第4回・5回政府報告に対する勧告

パラグラフ32（障害のある子ども）
……締約国が、障害について人権を基盤とするアプローチをとり、障害のある子どものインクルージョンのための包括的戦略を確立し、かつ以下の措置をとるよう勧告する。
（b）統合された学級におけるインクルーシブ教育を発展させかつ実施すること、ならびに、専門教員および専門家を養成し、かつ学習障害のある子どもに個別支援およびあらゆる適正な配慮を統合された学級に配置すること。
（c）学童保育サービスの施設および人員に関する基準を厳格に適用し、かつその実施を監視するとともに、これらのサービスがインクルーシブであることを確保すること。

2022年　「障害者委員会」第1回政府報告に対する勧告

資料2　日本の障害児教育の流れ

1947年（昭和22年）学校教育法制定
健常児には普通教育、障害児には特殊教育の二本立て。
特殊教育（2007年から特別支援教育と呼称）（学校教育法72条以下）
＝……障害による学習上または生活上の困難を克服し自立を図るために必要な知識技能を授けることを目的とするもの
＝障害の種類と程度は学校教育法施行令22条の3の表に法定＝医学モデル

⇩障害者の努力による困難を克服する教育

22条の3の表に該当する障害児は都道府県立の盲・聾・養護学校に就学させる。ただし、特殊教育の全面施行は昭和54年（1979年）まで留保（54義務化）。

1978年（昭和53年）（昭和53年10月6日・文初特第309号）

翌年の54義務化を控えて、障害の種類と程度の表（心身の故障の程度）の判断に専門家の意見を聴取するとの通達が発令された。

〈専門家の意見聴取と総合的判断の始まり〉

22条の3の表は医学的に画一的なものであるが、「心身の故障の判断に当たっては、医学的、心理学的、教育的な観点から総合的かつ慎重に行い、その適正を期すること」とされた。「医学的には」22条の3の表に該当する障害の程度でも、「心理学的」「教育的」判断で、該当しないとする判断もしうるとした。

〈「就学判定委員会」「就学指導委員会」の設置〉

専門家の意見の聴取の仕方＝「教育的」「心理学的」観点の専門家として教師や福祉職らが想定され、かれらで構成される「就学判定委員会」「就学指導委員会」を各市町村、都道府県に設置し、ここで「心身の故障」の種類と程度の調査および審議を行うこととするように通達された。

1979年（昭和54年）学校教育法の全面施行

障害の種類と程度（学校教育法施行令22条の3による表）による分離別学教育体制が確立。

2002年（平成14年）学校教育法施行令改正

・認定就学者制度の新設（学校教育法施行令5条改正）

＝小中学校の施設が整っているなどの特別な事情がある場合、例外的に地域の小中学校に就学できる制度

・専門家の意見聴取の義務化（学校教育法施行令18条の2を新設）

昭和53年309号通達を施行令に格上げ

・保護者の意見表明の機会付与（平成14年・14文科初291号通知）

各市町村教育委員会に専門家によって構成された就学指導委員会の設置を義務付け。留意事項として、「障害に応じた教育内容等について保護者の意見を聞いたうえで就学先について総合的な見地から判断することが大切である。具体的には就学指導委員会において保護者の意見表明の機会を設ける等の方法が考えられる」と初めて保護者の意見表明について言及した。

・平成14年通知によって昭和53年通知は廃止されたが、22条の3の表の判定にあたって医学的、教育学、心理学の各専門家の意見を聞き、総合的に判断するべきであるとの姿勢は一貫している。

〈専門家〉＝市（県）の職員と特別支援教育・療育に係るものたち〉

就学先決定には、1978年（昭和53年）309通達によって、「教育学」「心理学」の専門家の意見を聞いて決定することとされて以降、2002年（平成14年）改正、2013年（平成25年）改正から現行まで一貫して聴取することになっている。

〈昭和53年通達によって想定された専門家〉

「第2　就学指導体制の整備について　都道府県及び市町村においては、専門家の意見を聞くことにより適切な就学指導を行うための機関（以下「就学指導委員会」という）を次に掲げるところにより設置するものとする。

iii　就学指導委員会は、都道府県にあっては、医師5人以上、教職員7人以上及び児童福祉法に定める児童福祉施設の職員3人以上をもって、市町村にあっては、医師2人以上、教職員7人以上及び児童福祉施設等の職員1人以上をもって組織することが望ましいこと」（文初特第309号）

〈平成14年通達によって想定された専門家〉

「（1）就学指導委員会

ウ　就学指導委員会の構成員は、例えば障害のある児童生徒に対する教育の経験のある教員、医師、児童福祉施設の職員等が考えられるが、教育学、心理学等の観点から総合的な判断を行うために必要な知見を有する者が含まれることが重要である」（14文科初第291号）。

基本的に昭和53年通達と変わらないが、唯一有識者が入ることとなった。
〈平成25年通達〉
名称を、就学指導委員会から就学支援委員会に改めること。構成は変わらず。
2004年（平成16年）発達障害者支援法制定
2007年（平成19年）学校教育法改正
・特殊教育の名称を特別支援教育と改名（内容の変更はない）
・普通学級においても特別支援教育ができるようになった。
＝22条の3の表に該当しない障害児として発達障害児が普通学級に就学していることから、2004年（平成16年）に制定された発達障害者支援法に基づき、普通学級においても特別支援教育ができるように改正された。
原則分離別学の教育体制の下では、障害児は普通学級には存在しないとされ、存在すれば違法もしくは「潜り」であったが、これを合法的に存在しうるものとし、また普通学級においても特別支援教育ができるようにした。
2009年（平成21年）障がい者制度改革推進会議の設置。（障害者権利条約批准にむけて国内法整備）
2011年（平成23年）障害者基本法改正（障害者権利条約のための国内法整備）
・目的1条　障害の有無によって分け隔てられることなく
・教育16条＝共に学ぶこと、本人・保護者の意向尊重
2012年（平成24年）「共生社会の形成に向けたインクルーシブ教育システム構築のための特別支援教育の推進」（報告）（中教審）発表
「就学基準に該当する障害のある子どもは特別支援学校に原則就学するという従来の就学先決定の仕組みを改め、障害の状態、本人の教育ニーズ、本人・保護者の意見、教育学、医学、心理学等専門的見地からの意見、学校や地域の状況等を踏まえた総合的視点から就学先を決定する仕組みとすることが適当である。」

２０１３年（平成25年）学校教育法施行令の改正（障害者権利条約批准のための国内法整備）
・22条の３の拘束力を外し、総合的に判断（学校教育法施行令５条改正）
＝認定特別支援学校就学者と表記
＝障害の種類と程度による一律的分離別学の制度差別を改正する必要性があった
＝専門家の意見（就学支援委員会）は総合的判断の一要素にすぎなくなった
・保護者の意見聴取の義務化（学校教育法施行令18条の２に保護者を追加）
＝保護者の意見は、22条の３に拘束されていた時は、22条の３を判断する専門家委員（就学支援委員会）で意見陳述をすることが想定されていたが、改正以降は、教育委員会が直接聴取し、教育委員会の総合的判断の要素となった。
・保護者の意見を可能な限り（最大限）尊重（25文科初第６５５号）
＝教育委員会の総合的判断において最も重視しなければならないものとなった。
←
総合的判断は１９７９年以来一貫しているが、総合的判断をするにあたって、専門家意見（就学指導（判定）委員会から就学教育支援委員会に変更）と保護者の意見の軽重は逆転した。
同年　障害者差別解消法制定（障害者権利条約批准のための国内法整備）
・合理的配慮の義務付けの法定化
２０１４年（平成26年）障害者権利条約批准
２０２２年（令和４年）交流教育時間の制限
・特別支援学級在籍児童は週の半分以上を目安に特別支援学級で授業を受けること（22年４月27日３７５通知）
＝日本の一部の地域におけるフルインクルーシブな教育実践

差別のない教室づくり＝障害者・外国籍の人との共生教育として実現してきた
ex通常学級＋合理的配慮＋支援員
ex通常学級＋合理的配慮＋通級（個別支援）（一緒で（時々）分かれる）
ex特別支援学級（籍）＋交流（原学級保障として大部分一緒）＋合理的配慮
　支援担任が原学級に支援に入る―事実上の加配
に制限をかけてきたもの

資料3　2022年国連障害者権利条約総括所見（日弁連仮訳）

A．一般原則及び義務（第1－4条）

7．委員会は、以下を懸念する。

(a) 障害に関連する国内法制及び政策が本条約に含まれる障害の人権モデルと調和していないことにより、障害のある人への保護主義的アプローチが永続していること。

(b) 法規制及び慣行に亘る障害の医学モデル（機能障害及び能力評価に基づく障害認定及び手帳制度を含む）を永続していることが、より手厚い支援を必要とする人及び知的障害のある人、心理社会的障害のある人、感覚（視覚・聴覚）障害のある人の障害手当及びソーシャル・インクルージョンの枠組みからの排除を助長していること。

障害のある児童（第7条）

17．委員会は、以下を懸念をもって注視する。

(a) 母子保健法で規定される早期発見及びリハビリテーションの制度が、（医学的検査に基づいて）障害のある児童を社会的隔離へと導き、障害のある人を地域社会から遠ざけ、インクルーシブな生活の展望を妨げていること。

自立した生活及び地域社会へのインクルージョン（第19条）

41．委員会は、以下を懸念をもって注視する。

(f) 障害のある人にとっての社会における障壁の評価並びに障害のある人の社会参加及びインクルージョンのための支援の評価を含め、地域社会における支援及びサービスの支給のための評価が障害の人権モデルに基づくものとなるよう、現行の評価システムを見直すこと。

教育（第24条）

51．委員会は、以下を懸念する。

(a) 医学的評価を通じて、障害のある子どもたちの分離された特別教育が永続していること、特に知的又は心理社会的障害のある子どもたちやより手厚い支援を必要とする子どもたちにとって、通常の環境での教育にアクセスしにくいものになっていること。通常の学校に特別支援学級があること。

(b) 障害のある児童を受け入れるには準備不足であるとみなされること、又は実際に準備不足であることを理由に、障害のある児童が通常の学校への入学を拒否されること。また特別支援学級の児童が授業時間の半分以上を通常の学級で過ごしてはならないとした、２０２２年に発出された政府の通知。

(c) 障害のある学生に対する合理的配慮が不十分であること。

(d) 通常教育の教師のスキル不足及びインクルーシブ教育に対する否定的な態度。

(e) ろう児童に対する手話教育、盲ろう児童に対するインクルーシブ教育を含め、通常の学校における、代替的及び補助的なコミュニケーション及び情報伝達の様式及び手段の欠如。

(f) 大学入学試験及び学習過程を含めた、高等教育における障害のある学生の障壁に関する国の包括的政策の欠如。

52．インクルーシブ教育についての権利に関する一般的意見第4号（２０１６年）及び持続可能な開発目標のターゲット4・5及び4(a)を想起して、委員会は以下の事項を締約国に直ちに取り組むよう勧告する。

(a) 分離された特別な教育（特別支援教育）をやめる目的をもち、教育に関する政策、法律、通達等において、インクルーシブ教育を受ける権利を認識し、全ての障害のある生徒があらゆるレベルの教育において、合理的配慮と必要な支援を受けられるように、具体的な目標、時間枠、十分な予算で質の高いインクルーシブ教育に関する国家行動計画を導入すること。

(b) すべての障害のある児童に対して通常の学校を利用する機会を確保すること。また通常の学校が障害のある生徒に対しての通常学校への通学拒否が認められないことを確保するための「拒否禁止（非拒否）」条項及び政策を策定すること、及び特別支援学級に関する政府の通知を撤回すること。

(c) 障害のある全ての子どもたちが、個々の教育的ニーズを満たし、インクルーシブ教育を確保するための合理的配慮を保障すること。

(d) インクルーシブ教育について、通常教育の教員及び教員以外の教育関係職員の研修を確実に行い、障害のある人の人権モデルについての意識を高めること。

(e) 点字、イージーリード、ろう児童のための手話教育等、通常の教育環境における補助的及び代替的なコミュニケーション様式及び手段の利用を保障し、インクルーシブ教育環境におけるろう文化を推進し、盲ろう児童のインクルーシブ教育へのアクセスを保障すること。

(f) 大学入学試験及び学習過程を含め、高等教育における障害のある学生の障壁に関する国の総合的政策を策定すること。

ハビリテーション及びリハビリテーション（第26条）

55. 委員会は、以下を懸念をもって留意する。

(b) ハビリテーション及びリハビリテーションのプログラムにおいて医学モデルに重点が置かれていること、及び障害の種類、性別、地域により支援に差異があること。

56. 委員会は、以下を締約国に勧告する。

(b) 障害の人権モデルを考慮したハビリテーション及びリハビリテーション制度を拡充すること、及び各自の必要性に基づいて、全ての障害のある人がこれらのサービスへアクセスすることを保障すること

編者あとがき

大谷先生が、喫茶店で大阪シンポジウムの原稿を書きながら「これを本にするわ」「読んでみて」と言っていたのはいつのことだったでしょうか。あのときは、先生はお元気そうで、その本の編集を自分が担当することになるなんて、思ってもいませんでしたよ。

8月末に、大阪シンポジウムの原稿をメインに、編集者の方と連携して、本を仕上げてほしいと連絡がありました。

先生にはもう時間がないんだなと感じながらも、大谷先生がいなくなることにまったく現実感を持てない中で、原稿を集めて、とにかく急いで形にしました。

この本は、大阪のシンポジウムのために先生が作っていた講演原稿（本書一・三・五・七・八・九・十）をもとに、川崎訴訟での準備書面（二）、川崎訴訟の地裁判決後に、「障害児を普通学校へ・全国連絡会」の会報のために書いた原稿（六）、そして、内閣府障害者政策委員会を終えた後に当時の状況を先生がまとめた原稿（四）を編者がまとめたものです。日弁連で行った北欧インクルーシブ教育視察のうち、大谷先生が担当したスウェーデンの小学校視察を載せました（十一）。敬体（です、ます）で書かれていた講演原稿を常体（である）にまとめ、原稿内で重複する部分は編者で削除することはありましたが、できる限り、大谷先生の原稿をそのままに残しています。文中であたりまえに使われているけれど一般の方にはなじみがなくわかりにくい表現や、大谷先生が講演の中で詳しく説明せずに進んだため正確性を期すために補充が必要な個所については、編者注（編注）で説明・裏づけをしています。巻末資料3は、2022年統括所見を、日弁連仮訳で掲載しました。これは日弁連ホームページから全文を見ることができます。

最後に、編者の黒岩から、大谷先生と一緒に行った北欧視察の報告と、編者の柳原から、大阪の実践を「補論Ⅰ・Ⅱ」として掲載しました。

出版にあたっては、大谷先生とインクルーシブ教育との出会いとなった、金井康治君の母親である長谷川律子さん、生涯を通じて分けない教育を考え実践されてきた北村小夜さん、同じく、障害児を普通学校へ・全国連絡会のメンバーであり、インクルーシブ教育の実現に向けて活動されている名谷和子さん、そして、川崎訴訟の弁護団のメンバーであり、医療的ケア児の母であり、私たちの盟友である河邊優子弁護士に、寄稿をお願いしました。みなさん、1カ月弱という鬼のような締め切りを、しっかりと守ってくださいました。ありがとうございます。

振り返れば、北村さん、長谷川さん、名谷さん、河邊弁護士、みんな川崎訴訟で出会っていましたね。傍聴者となり、証人となり、交流学習時の支援員となり、K君が排除されるのはおかしいという思いを、共有して集まってくれました。「障害で分けてはいけない」「子どもは子どもの中で育つ」という命題は、決して否定しえない人間社会の根幹的なテーマだからこそ、40年の強制分離の歴史の中でも、脈々と、さまざま分野から人を集わせ、今もネットワークを広げているのでしょう。大谷先生も、その人の集まるパワーを受け、旗頭となってこられたのだと思います。

病床の大谷先生に、みなさんの寄稿が届いていること、着々と出版作業が進んでいると伝えた時は、「頼んだよ。しっかりね。みんなにはありがとうって伝えて」とおっしゃっていました。「道半ばで悔しいけどね。でも、コロナも収束して、病床で執筆ができて、やりたいことを最後にできることはよかったとも思うんだよ」と、最後の最後まで、気丈で気高く、やさしい先生でした。

一九七九（昭和54）年の養護学校への就学義務化から、特別支援の名のもとに進められてきた分離別学に対して、大谷恭子という人物があらがってきた軌跡を通して、何が問題なのか、私たちは今後どうすべきかを共有できる一冊となることを、切に望みます。

「今の日本を変えられるのは、インクルだからね。頼んだよ」と言っていた大谷先生の想いを、読んでいただいたみなさんとともに、引き継いでいきたいと思います。

本書刊行は、大谷先生の伴走者・満田康子さんのお力添えがなければ不可能なことでした。原稿すべてに目を通していただき、適切な助言をいただきました。また、現代書館社長の菊地泰博さんにも編集にご協力いただきました。お二人に感謝申し上げます。

二〇二四年十二月

柳原由以
黒岩海映

インクルーシブ教育を求めて！

最後の講演を行う大谷恭子（2024年6月29日）
日本弁護士会シンポジウム「インクルーシブ教育の実践と地域で生きる権利 in 大阪～障害者権利条約 2022年総括所見の実現を目指して～」の基調講演—本書のベースとなった講演である。

【編著者略歴】

柳原由以（やなぎはら　ゆい）

二〇〇八年　早稲田大学法科大学院卒
二〇一〇年　弁護士登録（東京弁護士会）
　東京アドヴォカシー法律事務所所属
二〇二〇年　北千住パブリック法律事務所所属
二〇二三年　アリエ法律事務所所属

【著作】
『障がい者差別とさようなら！』共著・生活書院（二〇一四年十二月）
『詳説　障害者雇用促進法』共著・弘文堂（二〇一六年一月）
『今日からできる障害者雇用』共著・弘文堂（二〇一六年二月）
『Q＆A　障害者差別解消法』共著・　生活書院（二〇一六年三月）
『合理的配慮，差別的取扱いとは何か』共著・解放出版社（二〇一六年三月）
『子どもの権利　ガイドブック』共著・　明石書店（二〇一七年七月）
『事例からわかる相談担当者のための障害者差別解消ガイドブック』共著・ぎょうせい（二〇二四年四月）

黒岩海映（くろいわ　みはえ）

一九九七年三月　京都大学法学部卒業
一九九九年四月　弁護士登録（第二東京弁護士会）
二〇〇九年四月から新潟県弁護士会所属、南魚沼法律事務所開設

【著作】
『精神保健福祉の法律相談ハンドブック』共著・新日本法規（二〇一四年七月）
『Q＆A障害者差別解消法』共著・生活書院（二〇一六年三月）
『障害者をめぐる法律相談ハンドブック』共著・新日本法規（二〇二〇年六月）
『障害と人権の総合事典』共著・やどかり出版（二〇二三年六月）
『事例からわかる相談担当者のための障害者差別解消ガイドブック』共著・ぎょうせい（二〇二四年四月）
ほか

大谷恭子（おおたに　きょうこ）
一九五〇年四月二十五日生まれ
二〇二四年十月十一日死去
一九七四年　早稲田大学法学部卒業
一九七八年　弁護士登録
一九八〇年　新橋法律事務所所属
一九八三年　四谷共同法律事務所開設
二〇一三年　弁護士会公設事務所・北千住パブリック法律事務所所長
二〇一七年　アリエ法律事務所開設
二〇二四年当時、弁護士、「永山子ども基金」代表、一般社団法人若草プロジェクト代表
主な担当事件：金井康治自主登校事件、アイヌ肖像権裁判、永山則夫連続射殺事件、永田洋子連合赤軍事件、重信房子日本赤軍事件、目黒児童虐待死事件など。
主著：『共生の法律学』（有斐閣）、『それでも彼を死刑にしますか――網走からペルーへ　永山則夫の遥かなる旅』（現代企画室）、『共生社会へのリーガルベース――差別とたたかう現場から』（現代書館）など。
福島みずほ「グレートウーマンに会いに行く」第11回
https://www.youtube.com/watch?v=EBASeHb4qBk

分離《ぶんり》はやっぱり差別《さべつ》だよ。
人権《じんけん》としてのインクルーシブ教育《きょういく》

二〇二五年二月十五日　第一版第一刷発行

著　者　大谷恭子
編　著　柳原由以・黒岩海映
発行者　菊地泰博
発行所　株式会社現代書館
東京都千代田区飯田橋三―二―五
郵便番号　102-0072
電　話　03（3221）1321
FAX　03（3262）5906
振　替　00120-3-83725
組　版　具羅夢
印刷所　平河工業社（本文）
東光印刷所（カバー・帯・表紙・扉）
製本所　鶴亀製本
装　幀　大森裕二

校正協力・小田明美
 ISBN978-4-7684-3609-7
定価はカバーに表示してあります。乱丁・落丁本はおとりかえいたします。
http://www.gendaishokan.co.jp/

活字で利用できない方のための
テキストデータ請求券
『分離はやっぱり差別だよ。』

現　代　書　館

共生社会へのリーガルベース

差別とたたかう現場から

大谷恭子 著　　2500円＋税

障害者、外国人、少数民族、そして被災者……。マイノリティたちが自らの権利を取り戻そうとしてきた経緯を、国際人権条約をベースに、著者が弁護した事案や判例などを交えて解説。確固たる人権意識に裏打ちされた差別撤廃への取り組み。

フルインクルーシブ教育見聞録

イタリアの現場を訪ねて

大内紀彦 著　　2000円＋税

少子化にもかかわらず、特別支援学校・学級が増加の一途をたどる日本。一方、イタリアでは障害児の99%が健常児と同じ教室で過ごしている。特別支援学校の教師がイタリアに旅立ち、教育現場に入り込んで観察し考えた1年間の記録。

つまり、「合理的配慮」って、こういうこと?!

共に学ぶための実践事例集

インクルーシブ教育データバンク 編　　1200円＋税

障害のある子もない子も同じ教室、同じ教材で、楽しくみんなが参加できる教科学習、行事、学級づくりなど様々な工夫を紹介。「共に学ぶ」ことを阻害する障壁を洗い出し、合理的配慮の実践30例を統一フォーマットを用いてわかりやすく整理。